Juan Ruiz de Alarcón

Los pechos privilegiados

Créditos

Título original: Los pechos privilegiados.

© 2024, Red ediciones S.L.

e-mail: info@linkgua.com

Diseño de cubierta: Michel Mallard.

ISBN tapa dura: 978-84-1126-168-5.
ISBN rústica: 978-84-9816-308-7.
ISBN ebook: 978-84-9897-934-3.

Cualquier forma de reproducción, distribución, comunicación pública o transformación de esta obra solo puede ser realizada con la autorización de sus titulares, salvo excepción prevista por la ley. Diríjase a CEDRO (Centro Español de Derechos Reprográficos, www.cedro.org) si necesita fotocopiar o escanear algún fragmento de esta obra.

Sumario

Créditos — 4

Brevísima presentación — 7
   La vida — 7

Personajes — 8

Jornada primera — 9

Jornada segunda — 45

Jornada tercera — 81

Libros a la carta — 121

Brevísima presentación

La vida
Juan Ruiz de Alarcón y Mendoza (1581-1639). México.
Nació en México y vivió gran parte de su vida en España. Era hijo de Pedro Ruiz de Alarcón y Leonor de Mendoza, ambos con antepasados de la nobleza. Estudió abogacía en la Real y Pontificia Universidad de la Ciudad de México y a comienzos del siglo XVII viajó a España donde obtuvo el título de bachiller de cánones en la Universidad de Salamanca. Ejerció como abogado en Sevilla (1606) y regresó a México a terminar sus estudios de leyes en 1608.
En 1614 volvió otra vez a España y trabajó como relator del Consejo de Indias. Era deforme (jorobado de pecho y espalda) por lo que fue objeto de numerosas burlas de escritores contemporáneos como Francisco de Quevedo, que lo llamaba «corcovilla», Félix Lope de Vega y Pedro Calderón de la Barca.

En Los pechos privilegiados se plantea el conflicto entre el amor a una mujer y la lealtad al monarca. Don Mendo, doña Ana, Beltrán y el Conde aparecen en otras obras de Ruiz de Alarcón como El examen de maridos, El tejedor de Segovia, Las paredes oyen, Ganar amigos y La verdad sospechosa.

Personajes

Cuaresma, gracioso
Don Bermudo, su hijo
Don Mendo, cortesano
Don Ramiro, galán
Don Rodrigo de Villagómez, galán
Doña Elvira, dama
Doña Leonor, dama
Dos villanos
El Conde Melendo, viejo grave
El rey don Alfonso de León, galán
El rey don Sancho, galán
Fortún, criado del rey don Sancho
Jimena, villana
Nuño, criado del Conde
Otro Cortesano
Un Paje

Jornada primera

(Salen el Conde y Rodrigo.)

Rodrigo
          Famoso Melendo, Conde
de Galicia, no penséis
que la pretensión que veis
solo al amor corresponde
   de mi adorada Leonor;
que vuestra firme amistad
tiene más autoridad
en mi pecho que su amor.
   Por esto me resolví
a lo que el alma desea,
porque parentesco sea
lo que amistad hasta aquí.

Conde
          Bien pienso, noble Rodrigo
de Villagómez, que estáis
seguro de que gozáis
el primer lugar conmigo
   de amistad; bien lo he mostrado
con una y otra fineza,
pues yo he sido de su alteza
ayo, tutor y privado;
   y aunque el amor he entendido
que os tiene su majestad,
estimo vuestra amistad
tanto, que no me han movido
   a que de él quiera apartaros
los celos de su privanza;
que ésta es la mayor probanza
que de mi fe puedo daros;
   que es alta razón de estado,

si bien no conforme a ley,
   no subir cerca del rey
   competidor el privado;
      porque la ambición inquieta
   es de tan vil calidad,
   que ni atiende a la amistad,
   ni el parentesco respeta.
      Mas aunque es tan verdadera
   mi amistad, no por amigo
   me obligáis; que por Rodrigo
   de Villagómez os diera
      también de Leonor la mano,
   alegre y desvanecido
   de lo que con tal marido
   gana mi hija, y yo gano.

Rodrigo Las plantas, Melendo, os beso
   por la merced que me hacéis.

Conde Alzad, alzad; que ofendéis
   vuestra estimación con eso,
      pues ni el reino de León
   ni España toda averigua
   o calidad más antigua,
   o más ilustre blasón
      que vuestra prosapia ostenta;
   a quien, para eternizallos,
   dan fuerza tantos vasallos,
   y tantos lugares renta.

Rodrigo Todo, gran Melendo, es poco
   para que alcanzar pretenda
   de vuestra sangre una prenda,
   cuyo bien me vuelve loco.

       Y así, con vuestra licencia,
al Rey la quiero pedir;
que no basta a resistir
al deseo la paciencia.

Conde
       Y yo llevar al instante
la alegre nueva a Leonor,
de que es mi amigo mayor
su más verdadero amante.

(Vase el Conde.)

Rodrigo
       En tanto bien, pensamiento,
¿qué resta que desear,
sino solo refrenar
los impulsos del contento?
       Que, según del alma mía
la capacidad excede,
como la tristeza puede
matar también la alegría.
       Al rey quiero hablar. Él viene.
Su licencia y mi ventura
la esperanza me asegura
en el amor que me tiene.

(Sale el Rey.)

Rey   ¡Rodrigo!

Rodrigo   ¡Señor!

Rey   Agora
a buscaros enviaba;
que ya sin vos dilataba

        a muchos siglos un hora.

Rodrigo   ¿Cuándo pude merecer,
señor, gozar tan crecido
favor?

Rey   A tiempo he venido
en que el vuestro he menester.

Rodrigo   Hoy mi ventura de nuevo
comenzaré a celebrar,
si en algo empiezo a pagar
lo mucho, señor, que os debo.

Rey   En algo no; en todo, amigo,
me dará por satisfecho.

Rodrigo   Acabe, pues, vuestro pecho
de ser liberal conmigo.

Rey   Yo estoy —por decirlo todo
de una vez— enamorado;
y es tan alto mi cuidado,
que no puedo tener modo
   de remediar mi pasión
si vos no sois el tercero,
porque las prendas que quiero,
prendas de Melendo son.

Rodrigo (Aparte.)   (¡Ay de mí! Leonor será:
¿quién lo duda?)

Rey   Vos, Rodrigo,
sois tan familiar amigo

　　　　　　　　　　del Conde, que no podrá
　　　　　　　　　　　darme mayor confianza
　　　　　　　　　　otro que vos, ni tener
　　　　　　　　　　ocasión de disponer
　　　　　　　　　　los medios a mi esperanza,
　　　　　　　　　　　que como a su bien mayor,
　　　　　　　　　　a los favores aspira
　　　　　　　　　　de la hermosa doña Elvira.

Rodrigo (Aparte.)　　(Cobró la vida mi amor.)

Rey　　　　　　　　　Éste es el bien que pretendo
　　　　　　　　　　por vuestra mano alcanzar.

Rodrigo　　　　　　¿Teméis que os ha de negar
　　　　　　　　　　la de su hija Melendo,
　　　　　　　　　　　si os queréis casar, señor?
　　　　　　　　　　Declaraos con él; que es cierto
　　　　　　　　　　que alcanzaréis por concierto
　　　　　　　　　　lo que intentáis por amor.

Rey　　　　　　　　　¿En tan poco habéis creído
　　　　　　　　　　que me estimo, que os pidiera,
　　　　　　　　　　si ser su esposo quisiera,
　　　　　　　　　　el favor que os he pedido?

Rodrigo　　　　　　¿Y en tan poca estimación
　　　　　　　　　　os tengo yo, que debía
　　　　　　　　　　presumir que en vos cabía
　　　　　　　　　　injusta imaginación?
　　　　　　　　　　　¿Y en tan poco me estimáis,
　　　　　　　　　　o me estimo yo, que crea
　　　　　　　　　　que para una cosa fea
　　　　　　　　　　valeros de mi queráis?

      Y al fin, ¿tan poco entendéis
      que estimo al Conde, que entienda
      que vuestra afición le ofenda,
      si ser su yerno podéis?

Rey   A mí y al Conde y a vos,
      Rodrigo, estimar es justo;
      mas ni tiene ley el gusto,
      ni razón el ciego dios.
       Y cuando Sancho García,
      Conde de Castilla, intenta
      —porque así la paz aumenta
      entre su gente y la mía—
      darme de doña Mayor,
      su hermosa hija, la mano,
      y el leonés y el castellano
      tuvieran por loco error,
       pudiendo, no efectuallo,
      ¿con qué disculpa o qué ley
      trocará su igual un rey
      por la hija de un vasallo?

Rodrigo   Pues si en eso correspondo
      a la razón vuestro pecho,
      ¿Por qué también no lo ha hecho
      para no ofender al Conde?

Rey   Porque lo primero fundo
      en buena razón de estado,
      y en estar enamorado,
      que es sinrazón, lo segundo.
       Esto habéis de hacer por mí,
      si es que mi vida estimáis,
      y si el lugar deseáis

	pagar que en el alma os di.
Rodrigo	Señor, mirad.
Rey	Ciego estoy. No me aconsejéis, Rodrigo. Esto haced, si sois mi amigo.
Rodrigo	Alfonso, porque lo soy, os pongo de la verdad a los ojos el espejo; que se ve en el buen consejo la verdadera amistad.
Rey	Yo me doy por advertido, y del consejo obligado; mas pues habiéndole dado, con quien sois habéis cumplido, determinándome yo a no tomarle. Rodrigo, debe ayudarme mi amigo a lo mismo que culpó.
Rodrigo	Nunca disculpa la ley de la amistad el error.
Rey	¿Disculpa queréis mayor que hacer el gusto del rey?
Rodrigo	Antes seré más culpado, y de eso mismo se arguye, porque del rey se atribuye siempre el error al privado. Y con razón; que es muy cierto

             que el divino natural
             que da la sangre real
             no puede hacer desacierto,
                si al genio bien inclinado
             de quien solo bien se aguarda,
             hacen dos ángeles guarda
             y aconseja un buen privado.

Rey   Líbreos Dios que la pasión
             del amor sujete al rey;
             que ni hay consejo ni ley,
             ni sangre ni inclinación;
                antes llega a enfurecer
             con tanta mayor violencia,
             cuanto mayor resistencia
             tuvo el amor que vencer.
                Y puesto que me venció,
             y he llegado a resolverme,
             os toca ya obedecerme,
             si aconsejarme os tocó.

Rodrigo   Señor, la misma razón
             porque a mí me lo encargáis,
             hace, si bien lo miráis,
             la mayor contradicción;
                que si a Elvira puedo hablar
             por ser amigo del Conde,
             con eso mismo os responde
             mi fe que me he de excusar,
                pues ni yo fuera Rodrigo
             de Villagómez, ni fuera
             digno de que en mí cupiera
             el nombre de vuestro amigo,
                si solo por daros gusto

       en un caso tan mal hecho,
hiciera a un amigo estrecho
un agravio tan injusto.

Rey   Si os sentís más obligado
a su amistad que a la mía,
serviráme esta porfía
de haberme desengañado;
   pero si valgo, Rodrigo
de Villagómez, con vos
más que el Conde, una de dos:
hacerlo o no ser mi amigo.

Rodrigo   Si yo no lo he merecido
por mi sangre y mi valor,
muy caro dais el favor,
a precio de honor vendido;
   que ése es modo con que suele
levantarse a la privanza
del rey solo quien no alcanza
otras alas con que vuele;
   mas no quien pudo llegar
por sus partes a subir,
y merece con servir,
y no con lisonjear.

Rey   Vuestra opinión os engaña;
que quien lisonjas desea,
sirve quien le lisonjea
más que quien le desengaña.
   Y para que os reduzcáis,
advertid que es necedad
perder de un rey la amistad
por lo que no remediáis;

        que para este fin, Rodrigo,
mil vasallos tendré yo
sin dificultad; vos no
fácilmente un rey amigo.

Rodrigo
        Para hacer yo lo que debo,
solo a lo que debo miro;
ni a otros efetos aspiro,
ni de otras causas me muevo.
   Lo que yo solo no hago,
decís que muchos harán;
mas esos mismos darán
lustre a la deuda que pago;
   pues cuando os pierda, señor,
dirán que entre tantos fui
solo yo quien me atreví
a perderos por mi honor.
   Los malos honran los buenos,
como honra la noche al día;
que, sin tinieblas, tendría
el mundo la luz en menos.

Rey
        Basta; que es poco respeto
tanto argumentar conmigo;
y advertid, si como amigo
os descubrí mi secreto,
   supuesto que os resolvéis
a no hablar a la que adora
mi pecho, que os mando agora,
como rey, que lo calléis.
   Y no me volváis a ver;
que si a precio del honor
juzgáis caro mi favor,
debiérades entender

　　　　　　　　que, en esta cumbre que toco,
　　　　　　　　es el más alto interés
　　　　　　　　ser mi amigo; y si lo es,
　　　　　　　　nunca mucho costó poco.

(Vase el Rey.)

Rodrigo　　　　　¿Esto es servir? ¿estos son
　　　　　　　　los premios de la fineza,
　　　　　　　　los fines de la grandeza,
　　　　　　　　los frutos de la ambición?
　　　　　　　　¿De modo que la razón
　　　　　　　　no ha de ser ley, sino el gusto,
　　　　　　　　y que cuando el rey no es justo,
　　　　　　　　quien conserva su privanza
　　　　　　　　viene a dar cierta probanza
　　　　　　　　de que también es injusto?
　　　　　　　　　Pues no; no perdáis, honor,
　　　　　　　　la alabanza más segura;
　　　　　　　　que ser privado es ventura,
　　　　　　　　no quererlo ser, valor.
　　　　　　　　El privar es resplandor
　　　　　　　　de ajenos rayos prestado,
　　　　　　　　y es luz propia haber mostrado
　　　　　　　　que quiso ser más Rodrigo
　　　　　　　　buen amigo de su amigo,
　　　　　　　　que de su rey mal privado.
　　　　　　　　　Perdí su gracia, y mi amor
　　　　　　　　a Leonor; que es justa ley
　　　　　　　　que sin licencia del rey
　　　　　　　　no me dé el Conde a Leonor.
　　　　　　　　Su indignación y mi honor
　　　　　　　　pedirla me han impedido,
　　　　　　　　pues su sangre he ya entendido

que quiere el rey ofender;
mas el valor en perder
hace lograr lo perdido.
   Perdiendo, pues, corazón,
ganemos la mayor gloria;
que es la más alta victoria
vencer la propia pasión.
Combátame la ambición,
aflíjame el amor loco;
que en estas desdichas toco
de la virtud el valor;
y si es ella el bien mayor,
nunca mucho costó poco.

(Vase don Rodrigo. Salen don Ramiro y Cuaresma.)

Cuaresma ¿Al fin eres ya privado
del rey?

Ramiro Sí.

Cuaresma ¿Y cómo, señor;
dime, has de ser en su amor
privado: puro o aguado?

Ramiro No entiendo esa distinción.

Cuaresma Va la explicación; aquel
que, tratando el rey con él
solo las cosas que son
   de gusto, vive seguro
de quejosas maldicientes,
y cansados pretendientes,
llamo yo privado puro;

mas el triste a quien le dan
un trabajo tan eterno,
que es del peso del gobierno
un lustroso ganapán
   aunque al poeta desmienta,
que suele llamarlo Atlante,
pues no hay cosa más distante
del cielo que éste sustenta
   que la carga del gobierno
—que infierno se ha de llamar,
si es que el eterno penar
se puede llamar infierno—
   éste, pues, que siempre lidia
con tantos, tan diferentes
cuidados, que a los prudentes
da compasión y no envidia;
   éste, que no hay desdichado
caso, aunque sin culpa suya,
que el vulgo no le atribuya,
llamo yo privado aguado.
   Pues como quita el sabor
al vino el agua, es tan grave
su pena, que no le sabe
el ser privado a favor.

Ramiro	Yo, según ese argumento, vengo a ser privado puro.
Cuaresma	Con eso tendrás seguro el gusto, poder y aumento. Mas di, ¿cómo la afición del rey pudiste alcanzar?
Ramiro	Eso no has de preguntar,

	que es secreta la ocasión.
Cuaresma	¿Secreta?
Ramiro	Cuaresma, sí.
Cuaresma	¿Y no la puedo saber?
Ramiro	No.
Cuaresma	¡Qué tal debe de ser, pues que la encubres de mí!
Ramiro	Solo te he de declarar que en el lugar que perdió Villagómez, entro yo; que al rey no supo agradar, y con ser de él tan bien visto, de sus ojos le ha apartado.
Cuaresma	¿Con expulsión has entrado, y de un hombre tan bien quisto? ¡Oh, lo que dirán de ti!
Ramiro	Si ha sido gusto del rey, y el obedecerle es ley, ¿por qué han de culparme a mi?
Cuaresma	Porque, según he entendido, el vulgo mal inclinado siempre condena al privado, siempre disculpa al caído. Mas del Conde galiciano es ésta la casa.

Ramiro   A Elvira
           quiero hablar. Quédate y mira,
           que si viniera su hermano
              o su padre, al mismo instante
           me avises.

Cuaresma   Si en eso está
           el servirte, no será
           un soplón más vigilante.

(Vase Cuaresma.)

Ramiro   En lo que vengo a emprender
           sirvo al rey, si al Conde ofendo;
           y así, perdone Melendo,
           que al rey he de obedecer.
              Elvira es ésta, y me ofrece
           la soledad coyuntura.
           parece que la ventura
           a los reyes favorece.

(Sale doña Elvira.)

Elvira   Ramiro, ¡sin avisar,
           hasta aquí os habéis entrado!

Ramiro   Cómo ha de haber avisado
           quien sola os pretende hablar?
              Del rey soy, hermosa Elvira,
           secretario, y mensajero
           del amor más verdadero
           que el tiempo en su curso admira.
              Mis razones perdonad,

　　　　　　　　si poco adornadas son;
　　　　　　　　que el ser veloz la ocasión
　　　　　　　　dio a la lengua brevedad.
　　　　　　　　　El rey, al fin, confiado,
　　　　　　　　si no le mienten señales,
　　　　　　　　de que no son desiguales
　　　　　　　　su pena, y vuestro cuidado,
　　　　　　　　　os pide tiempo y lugar
　　　　　　　　para poder visitaros,
　　　　　　　　porque entre morir o hablaros,
　　　　　　　　ya no hay medio que esperar.

Elvira　　　　　　　Ramiro, aunque las señales
　　　　　　　　no han engañado a su alteza,
　　　　　　　　nunca olvidan su nobleza
　　　　　　　　las mujeres principales.
　　　　　　　　　Mi padre ha sido tutor
　　　　　　　　del rey, y el haber pasado
　　　　　　　　juntos la niñez, ha dado
　　　　　　　　con la edad fuerza al amor.
　　　　　　　　　No lo niego; antes estoy
　　　　　　　　tan rendida y abrasada,
　　　　　　　　que, mil veces despechada,
　　　　　　　　me pesó de ser quien soy.
　　　　　　　　　Esto decid a su alteza
　　　　　　　　porque alivie sus enojos,
　　　　　　　　y que volviendo los ojos
　　　　　　　　a mi heredada nobleza,
　　　　　　　　　si en mi obligación me ofendo,
　　　　　　　　me alegro en mi presunción,
　　　　　　　　que no es el rey de León
　　　　　　　　mejor que el Conde Melendo.
　　　　　　　　　Y teniendo confianza
　　　　　　　　de que puedo ser su esposa,

    si es la obligación penosa,
es dichosa la esperanza
    que me da mi calidad
y así, si Alfonso me quiere,
sin ser mi esposo no espere
conquistar mi honestidad;
    que si con tal sangre y fama
para esposa me juzgó
pequeña, me tengo yo
por grande para su dama,
    Al fin, ¿no daréis lugar
de que os hable?

Elvira   Si arriesgara
la opinión, ¿qué me quedara,
teniendo amor, que negar?
    Públicamente me vea
si la mano quiere darme,
que si no, yo he de guardarme
de quien mi infamia desea.
    Y adiós, Ramiro, que viene
gente.

Ramiro   Adiós. Ésta es Leonor;
mas ocultarla mi amor
a los intentos conviene
    del rey, que, porque a sentir
no llegue el Conde que aspira
a los amores de Elvira,
a mí me manda fingir
    en lo público su amante
para encubrir su afición.
Callemos, pues, corazón,
si puede en amor constante.

(Vase don Ramiro. Sale doña Leonor.)

Leonor   Mucha novedad me ha hecho
el ver a Ramiro aquí.

Elvira   Agora sabrás de mí
lo que no cabe en mi pecho.
   Ya no me quejo, Leonor;
dichoso es ya mi cuidado,
que Alfonso se ha declarado
y paga mi firme amor;
   y de su parte ha venido
Ramiro a solicitar
que le conceda lugar
de verme.

Leonor   ¿Y qué has respondido?

Elvira   Dije... Mas éste es Rodrigo
de Villagómez; después
lo sabrás.

(Vase doña Elvira. Sale don Rodrigo.)

Rodrigo (Aparte.)   (Turbados pies,
aquí el mayor enemigo
   de vuestra honrosa partida
os presenta el ciego Amor;
mas pasos que da el honor,
no es bien que amor los impida.)
   Cuando os pensaba pedir,
Leonor, el bien soberano
de vuestra adorada mano,

        de él me vengo a despedir
          y de vos para una ausencia
        tan forzosa, que con ser
        vos mi dueño, la he de hacer,
        aunque no me deis licencia.

Leonor   Pues ¿qué ocasión?...

Rodrigo   Leonor bella,
        la ocasión no preguntéis;
        que es grave entender podéis,
        pues os pierdo a vos con ella.
          Ni puedo menos hacer
        ni más os puedo decir.

Leonor   Más me dais a presumir
        que de vos puedo saber;
          que el que un secreto pondera
        y lo calla, hace más daño
        dando ocasión a un engaño
        que declarándolo hiciera;
          y así, quien prudencia alcanza,
        o no ha de dar a entender
        que hay secreto que saber,
        o ha de hacer de él confianza;
          que no ha de dar el discreto
        causa al discursivo error
        del que no tiene valor
        para fiarle un secreto.

Rodrigo   Señora, cuando es forzoso
        disculpar yo la mudanza
        de una tan cierta esperanza
        de ser vuestro amado esposo,

  ¿cómo no os daré a entender
que hay causa donde hay efeto?
Y si es la causa un secreto
que vos no podéis saber,
  ¿cómo puedo yo dejar
de tocarlo y de callarlo?

Leonor Resolviéndoos a fiarlo
de quien os ha de culpar
  de mudable, y entender
que, pues calláis la ocasión
de una tan injusta acción,
es por no haberla o no ser
  bastante; que es desvarío
pensar que querrá un discreto,
por no fiarme un secreto,
infamar su honor y el mío.
  ¿Qué puedo yo, qué León,
de una tan fácil mudanza
pensar, si de ella no alcanza
la verdadera ocasión,
  sino que habéis descubierto
defetos en mi, y que han sido
muy graves, pues han rompido
tan asentado concierto?
  No tuvo firme afición
quien tan fácil se ha mudado;
que con ella el agraviado
ama la satisfacción.
  Y si me culpa la fama,
ésta fuera ley forzosa,
no solo amándome esposa,
pero sirviéndome dama.

Rodrigo
      Ni es mudable mi afición,
      ni la fama se os atreve,
      ni es la ocasión que me mueve
      sujeta a satisfacción,
        y si puede peligrar
      vuestro honor, culpar, Leonor,
      mi fortuna, no mi amor;
      que ella me obliga a callar.

Leonor
      Pues si ni os mueve mi daño
      ni satisfacción queréis,
      aunque el secreto ocultéis,
      no ocultéis el desengaño.
        Partid, pues; que, estando ausente,
      poco pienso padecer;
      que es muy fácil de perder
      quien me pierde fácilmente.

(Vase doña Leonor.)

Rodrigo
      Aguardad, Leonor hermosa,
      Fuese. ¡Oh, inviolable preceto!
      ¡Oh, dura ley del secreto,
      cuanto precisa enojosa!

(Sale el Conde.)

Conde
      Rodrigo, la larga ausencia
      vuestra me daba cuidado,
      y en palacio os he buscado
      sin fruto y con diligencia.

Rodrigo
      Muy otro, Conde, me veis
      del que pensasteis jamás;

	ya en cualquiera parte más que en palacio me hallaréis.
Conde	Pues ¿qué novedad se ofrece en vuestras cosas?

Rodrigo	Melendo,
	no se merece sirviendo;
	agradando se merece.
	   Del rey por cierta ocasión
	la gracia, Conde, he perdido.
	Bien sabe Dios que no ha sido
	la culpa de mi intención.
	   Por esto, pues, ausentarme
	de la corte es ya forzoso,
	y esto el tálamo dichoso
	de Leonor pudo quitarme;
	   que ni pedir fuera justo
	licencia al rey enojado,
	ni a Leonor en este estado
	me daréis contra su gusto.

Conde	¿Cómo no?
Rodrigo	De vuestro amor el mayor exceso fío; pero no os permite el mío por mí el disgusto menor.
Conde	O el rey os ha de volver a su gracia o, ¡vive Dios! caro amigo, que por vos yo también la he de perder.

Rodrigo   No intentéis ser mi tercero,
                  que del rey la indignación,
                  mientras dure la ocasión,
                  ni puede cesar ni quiero.
                     Yo parto a Valmadrigal,
                  donde, entre vasallos míos,
                  ni temeré los desvíos
                  ni el aspecto desigual
                     del rey Alfonso, aunque vos,
                  con vuestra penosa ausencia,
                  solicitáis mi impaciencia.
                  Dadme los brazos, y adiós.

Conde   ¿Qué no puedo yo saber
                  la ocasión de esto, Rodrigo?

Rodrigo   Pues sois mi mayor amigo
                  y callo, debe de ser
                     imposible declararme;
                  mas si sabéis discurrir,
                  harto os digo con partir,
                  con callar y no casarme.

(Vase don Rodrigo.)

Conde   Cuando fue a pedir licencia
                  al Rey de casarse, ¡vuelve
                  en su desgracia, y resuelve
                  hacer, sin casarse, ausencia!
                     ¡Cielos! ¿Qué puedo pensar
                  si mi más estrecho amigo
                  dice tras eso: «Harto digo
                  con partir y con callar
                     y no casarme?». Sin duda

    que es prenda del rey Leonor,
porque un hombre del valor
de Villagómez no muda
    fortuna, lugar e intento
con menos grave ocasión;
y estos efetos no son
sino del furor violento
    de los celos y el amor.
¡Ah, Alfonso! ¿En ofensas tales
pagan personas reales
los servicios de un tutor?
    Que claro está, pues tratáis
en Castilla casamiento,
que es de ofenderme el intento
que amando a Leonor lleváis.
    ¿Quién, quién pudiera esperar
esto de un rey? Mas no quiero
precipitarme primero
que lo llegue a averiguar.

(Sale don Bermudo.)

Bermudo	Confuso, padre, y turbado vengo de tan gran mudanza; que dicen que a la privanza de Alfonso se ha levantado Ramiro, y que desvalido con él, Rodrigo se ausenta.
Conde	Hijo, ¡ay de mí!, que mi afrenta la causa de todo ha sido.
Bermudo	¿Quién pudo para afrentarte tener tan osado pecho?

Conde   No lo sé, aunque lo sospecho.

Bermudo   Acaba de declararte,
                      sácame de confusión.

Conde   De Leonor he sospechado
                     que está el rey enamorado;
                     y si lo está, es su intención
                         afrentarme, pues que trata
                     en Castilla de casarse;
                     y conviene averiguarse
                     si Leonor resiste ingrata,
                         o muestra pecho ligero
                     a su intento enamorado.

Bermudo   Hoy de Ramiro un criado
                     hablaba con el portero
                         de casa; y si bien allí
                     en ello no reparé,
                     porque nada sospeché,
                     caigo agora en que de mí
                         se recelaron los dos.

Conde   No me digas más, Bermudo.
                     llámale; que nada dudo
(Aparte.)   ya del caso. (¡Vive Dios,
                         que es tercero en la afición
                     del rey el traidor Ramiro,
                     y la privanza que miro
                     procede de esta ocasión!
                         Cielos, ¿por qué se han de dar
                     honras a precio de gustos?
                     ¿Por qué con medios injustos

se alcanza un alto lugar?)

(Salen don Bermudo y Nuño.)

Bermudo   Aquí está Nuño, señor.

Conde   Nuño, el premio y el castigo
te muestro. Pueda contigo,
si no el amor, el temor.
 Si me dices la verdad,
no solo espera el perdón,
más el mayor galardón
que se debe a la lealtad.

Nuño   Hidalgo soy, y obligado
de ti, y el amor ofendes,
si amenazarme pretendes,
mayor que se vio en criado.

Conde   Dime, pues. ¿Qué te quería
Ramiro?

Nuño   Señor, aguarda;
que el que en la respuesta tarda,
o es culpado o desconfía
 del crédito, o piensa engaños
con que encubrir la verdad;
y no arriesgo mi lealtad
a ninguno de estos daños.
 A Elvira, Ramiro adora,
y hoy, señor, habló con ella
en tu ausencia, y para vella
sola esta noche a deshora,
 que le abriese me pidió.

           Como su poder temí,
           la lengua dijo que sí,
           pero la intención que no;
              teniendo el darle esperanza
           y excusar con un engaño
           su efeto, por menor daño
           que arriesgarme a su venganza,
              y a que el negocio tratase
           con otro menos fiel
           criado tuyo, y, con él,
           lo que le estorbo alcanzase.
              Esto pasa; y si en mi pecho
           ha sido culpa callarlo,
           la esperanza de estorbarlo
           sin darte pena, lo ha hecho.

Conde   Dame los brazos, ¿qué esperas?
           Amigo ya, no criado,
           hoy a gozar de mi lado
           en mi cámara subieras,
              si no tuviera segura
           con tal portero mi casa;
           pero no ha de ser escasa
           mi mano, ni tu ventura,
              de Betanzos la alcaidía
           es tuya.

Nuño   Dame los pies.

Conde   Éste es pequeño interés.
           Gozarle mayor confía.
              Mas dime, ¿qué hay de Leonor?
           ¿Quién la sirve o la desea?

Nuño
　　　　　　　　　　Si lo supiera, no crea
　　　　　　　　　　tu pecho de mi, señor,
　　　　　　　　　　　que lo callara. Esto sé,
　　　　　　　　　　y no otra cosa.

Conde (Aparte.)
　　　　　　　　　　　　　　　(Perdona,
　　　　　　　　　　rey, si tu sacra persona
　　　　　　　　　　injustamente culpé.
　　　　　　　　　　　error fue, que no malicia,
　　　　　　　　　　presumir culpa de un rey
　　　　　　　　　　que es la vida de la ley
　　　　　　　　　　y el alma de la justicia.)
　　　　　　　　　　　Hijo, ¿qué haré? Que aunque viejo,
　　　　　　　　　　me tiene tal la pasión,
　　　　　　　　　　que es fuerza en mi confusión
　　　　　　　　　　valerme de tu consejo.

Bermudo
　　　　　　　　　　　Señor, pues es importante
　　　　　　　　　　averiguar si mi hermana
　　　　　　　　　　es con Ramiro liviana,
　　　　　　　　　　porque muera con su amante,
　　　　　　　　　　　cumpla con él lo tratado
　　　　　　　　　　Nuño; y los dos estaremos
　　　　　　　　　　donde ocultos escuchemos,
　　　　　　　　　　y demos muerte al culpado.

Conde
　　　　　　　　　　　Dices bien. Hoy has de ser
　　　　　　　　　　tú, Nuño, quien la honra mía
　　　　　　　　　　restaure.

Nuño
　　　　　　　　　　　　　　En mi fe confía.

Conde
　　　　　　　　　　Ven; sabrás lo que has de hacer.

(Vanse todos. Salen el Rey y Ramiro, de noche.)

Ramiro
    Al fin quedó persuadido
    el portero de Melendo
    a que soy yo quien pretendo
    a Elvira.

Rey
        Cautela ha sido
    importante, porque así
    esté secreto mi amor;
    porque tengo por mejor
    que tenga queja de ti
    que de mi el Conde, si acaso
    algo viene a sospechar.

Ramiro
    Eso me obligó a callar
    el amor en que me abraso
    a Leonor.

Rey
        Si mi favor
    es la fortuna, confía
    que o se ha de mudar la mía,
    o ha de ser tuya Leonor.

Ramiro
    Donde tu poder se empeña,
    cierta mi dicha será.
    A la puerta estamos ya
    del Conde.

Rey
        Pues haz la seña
    que concertaste. ¡Ay, Amor,

(Hace Ramiro una seña.)

     Muestra tu poder aquí!

(Sale Nuño.)

Nuño   ¿Es Ramiro?

Ramiro   ¿Es Nuño?

Nuño   Sí.
  Bien podéis entrar, señor.

Ramiro   ¡Oh, cuánto me has obligado!

Nuño   ¿No venís solo?

Ramiro   Conmigo
  viene un verdadero amigo,
  de quien el mayor cuidado
   con justa causa confío.

Nuño   Pues seguidme; que ya el sueño
  sepulta a mi anciano dueño.

Ramiro   ¿Y el hermoso cielo mío?

Nuño   Elvira estará despierta;
  que es muy dada a la lección
  de libros.

Rey   Esmaltes son
  de su belleza.

Nuño   La puerta
  es ésta de su aposento.

Rey (Aparte.)   (La del mismo cielo, di.)

Nuño   Abierta está; veisla allí,
ajena de vuestro intento,
  los ojos entretenidos
en un libro.

Ramiro   Idos, y estad
en espía y avisad
si de alguien somos sentidos.

Nuño   Perded cuidado; que a mí
me importa.

(Vase Nuño.)

Ramiro   Ya nos sintió
Elvira.

(Sale Elvira.)

Elvira   ¿Quién está aquí?

Rey   No te alteres; que yo soy.

Elvira   ¡Ay de mí! ¡Qué atrevimiento!

Rey   Señora...

Elvira   ¡Qué confusión!

Rey   Escucha.

Elvira	Si de mi padre conocéis el gran valor, ¿cómo a un exceso tan loco os atrevisteis los dos?
Rey	Perder por verte la vida es la ventura mayor que me puede suceder.
Elvira	¿Cómo entrasteis? ¿Quién abrió?
Rey	No gastes puntos tan breves en larga averiguación. Pierde el temor, dueño mío. Yo te adoro y soy quien soy; si acusas mi atrevimiento, ese mismo alego yo para que por él te informes de la fuerza de mi amor.
Elvira	Idos, por Dios, señor, idos; idos, si valgo con vos.
Rey	La ocasión tengo, señora. No he de perder la ocasión. Tu voluntad me conceda lo que tornar puedo yo.
Elvira	Llamaré a mi padre.
Rey	Llama, y serán tus daños dos; que a él le quitaré la vida y tú perderás tu honor.

(Salen el Conde y Bermudo, con hachas encendidas y espadas desnudas.)

Conde ¡Muera el aleve Ramiro!

Ramiro Perdidos somos, señor.

Bermudo ¡Mueran!

Elvira ¡Ay de mí!

Rey Teneos
 al Rey.

Conde ¿Al Rey?

Rey Sí.

(Deja caer la espada el Conde.)

Conde El rey sois;
 aunque no lo parecéis;
 pero conmigo bastó
 para que suelte el acero
 solo el oír que sois vos.
 Y aunque pudiera este agravio,
 puesto que tan noble soy
 como vos, mover la espada
 a vengar mi deshonor,
 si el rey debe estimar
 menos la vida que la opinión
 de justo, el soltarla agora
 me da venganza mayor;
 pues cuando más agraviado,

	más leal me muestro yo,
	me vengo más, pues os muestro
	tanto más injusto a vos.
	Pero yo...

Rey   Basta; que a yerros
nacidos de ciego amor,
el amor les da disculpa
y la prudencia perdón.
El mismo exceso que veis
os informe de mi ardor;
si nunca fuisteis amante,
al menos prudente sois;
cese el justo sentimiento,
y pues vuestra reprensión
tan castigado me deja,
déjeos satisfecho a vos
que esta ofensa ha acrisolado,
no manchado, vuestro honor,
pues Elvira, resistiendo,
de quilates le subió;
y así, pues con el intento
solo os he ofendido yo,
basten penas de palabra
para culpas de intención.

Conde   Basten, porque sois mi Rey;
que aun las palabras, señor,
quisiera volver al pecho,
si es que alguna os ofendió.

Rey   Ya, pues, mi error estimemos,
pues nos descubre mi error
en Elvira, a vos, tal hija,

| | y a mí, tal vasallo en vos.
| | Y advertid que, pues Elvira
| | está inocente y causó
| | mi poder toda la culpa,
| | no sienta vuestro rigor;
| | que me toca su defensa.

Conde   De ella satisfecho estoy;
            que su resistencia he visto.

Rey   Pues Melendo amigo, adiós.
            Dadme la mano, y quedemos
            más amigos desde hoy;
            que de las pendencias suele
            nacer la amistad mayor.

Conde   Tomaré para besarla
            la vuestra; mas ved, señor,
            que dar la mano y violar
            la amistad es vil acción;
            y así, ha de quedar seguro
            de vos desde aquí mi honor.

Rey   Yo os lo prometo, Melendo.
            Aquí el amor feneció
            de Elvira, porque ya en mí
            fuera bajeza, y no amor,
            proseguir mi ciego intento
            viendo tal lealtad en vos,
            en ella tal resistencia
            y en mí tal obligación.

Elvira (Aparte.)   (¡Ah, falso!)

Conde	De vos confío.
Rey	Quedaos, Melendo.
Conde	¡Señor!...
Rey	Quedaos.
Conde	Permitid que al menos
llegue a la calle con vos,
porque, quien salir os viere,
entienda que mereció
esta visita Melendo
y no su hija.
Rey	Vois sois
tan prudente como digno
de que os haga ese favor.
Adiós, Elvira; y merezca
mi atrevimiento perdón,
pues que la enmienda propongo.
Elvira

(Aparte.) | Por ser efeto de amor,
perdono el atrevimiento...
(Mas el propósito no.) |

Fin de la primera jornada

Jornada segunda

(Salen el Conde y don Rodrigo.)

Conde
   Esto me pasó, Rodrigo,
con Alfonso, y declararos
este secreto es mostraros
la obligación de un amigo,
 y pues su alteza me ha dado
la palabra de mirar
por mi honor, y de olvidar
a Elvira, con que ha cesado
 de vuestro retiramiento
y su enojo la ocasión,
y de mudar la intención
del tratado casamiento,
 con vuestra licencia quiero
pedirla al rey, para daros
a mi Leonor, y alcanzaros
el alto lugar primero
 que en su gracia habéis tenido
y perdido sin razón;
que éste es el fin, la ocasión
es ésta que me ha movido
 a hacer que por la ciudad
hoy, para veros conmigo,
hayáis trocado, Rodrigo,
del campo la soledad,
 por no poder, para veros,
yo de la corte faltar,
ni estas cosas confiar
de cartas ni mensajeros.

Rodrigo
   Ni de vasallo la ley

ni la de amigo guardara,
si en vuestra verdad dudara
en la palabra del rey;
   y en fe de esta confianza,
lo que pedís os permito,
si bien, Melendo, os limito
el volverme a la privanza.
   La gracia sí me alcanzad
—que ésta es forzoso que precie,
pues no hacerlo fuera especie
de locura o deslealtad—
   pero el asistirle, no;
porque si Faetón viviera,
fuera necio si volviera
al carro que le abrasó.

Conde   Estáis agora enojado.

Rodrigo   Corriendo el tiempo, no hay duda
que el enojado se muda,
pero no el desengañado.

Conde   Bien está; no he de exceder
vuestro gusto; que a Leonor
codicio, en vos, el valor,
no la fortuna y poder.

Rodrigo   Siempre me honráis.

Conde   Voy a hablar
al rey.

Rodrigo   Partid satisfecho;
que aguardo con igual pecho

                    el contento y el pesar.

(Vase don Rodrigo.)

Conde   Apenas llevo esperanza
                 de conseguir mi intención.
                 ¡Oh, terrible condición
                 del poder y la privanza!
                    Yo, que el agraviado he sido,
                 vengo a ser el temeroso
                 que aborrece el poderoso
                 al que de él está ofendido.
                    El rey es éste, y a solas
                 viene hablando con Ramiro.
                 A esta parte me retiro,
                 porque las soberbias olas
                    de su dicha y valimiento
                 no me atrevo ya a romper,
                 y a solas he menester
                 decir a Alfonso mi intento.

(Salen el Rey y Ramiro.)

Ramiro   Si vuestra alteza del suceso mira
                 las circunstancias, hallará que a Elvira
                 adora Villagómez; que otra cosa
                 no pudo ser con él tan poderosa
                 que le hiciese oponerse a vuestro gusto,
                 pues lo que manda el rey nunca es injusto.
                    Y bien mostró el efeto
                 que al Conde reveló vuestro secreto,
                 pues desvelado, atento y prevenido,
                 y a deshoras vestido,
                 de Bermudo, su hijo, acompañado,

	nos asaltó en el hurto enamorado.
Rey	Bien dices, claro está; porque Rodrigo
no quisiera ser más del Conde amigo
que de su rey. Sin duda fue locura
del amor, no de la amistad fineza,
arrojarse a perder tanta grandeza,
siendo mi gracia su mayor ventura.
Vengaréme, Ramiro; por los cielos,
no sufriré mi ofensa ni mis celos,
aunque me atreva, pues palabra he dado,
a oprimir el impulso enamorado.
Ramiro (Aparte.)	(Esto está bien. Mi pretensión consigo,
indignando a su alteza con Rodrigo;
que me obligó a temer justa mudanza
el cesar la ocasión de mi privanza,
puesto que quiere el rey determinado
la palabra cumplir que al Conde ha dado.)
Rey	Melendo está en la sala.
Ramiro	Y me parece
que aguarda retirado
que vuestra alteza esté desocupado.
Quiero darle lugar; y pues se ofrece
ocasión, hoy espero
la mano de Leonor con tal tercero.
Rey	Tuya será, Ramiro; mas es justo
que la obligues primero, y que su gusto
dispongas. Y que vamos paso a paso
pide también la gravedad del caso;
que se juzga violento

	hecho de priesa un grande casamiento.
Ramiro	Sola a tal prevención y a tal prudencia se puede responder con la obediencia.
(Vase don Ramiro.)	
Conde (Aparte.)	(Ya quedó solo el rey.)
Rey	Melendo amigo.
Conde	Si de esa suerte os humanáis conmigo, si ese nombre merezco, no habrá cosa que juzgue en mi favor dificultosa.
Rey	A lo difícil no vuestra privanza, a lo imposible atreva su esperanza.
Conde	Dos cosas, gran señor, he de pediros: una es honrarme a mi, y otra es serviros. Que a Villagómez perdonéis es una, y en ésta os sirvo; que de su fortuna siente la adversidad el pueblo todo, y obligaréis al reino de este modo, y yo no solo quedará pagado de mis servicios, no, más obligado; que a mi hija Leonor le he prometido. Y así, señor, es la segunda cosa que espero de esa mano poderosa, que permitáis que salga, haciendo dueño de Leonor a Rodrigo, de este empeño.
Rey (Aparte.)	(¿Que es Leonor la que adora, y no es Elvira? Mas ya entiendo los fines a que aspira.

	Temiendo mi venganza, pues me ofende,
	así mis celos desmentir pretende;
	que siendo él hombre que en su honor y fama
	no sufrirá un escrúpulo pequeño,
	sabiendo que pretendo para dama
	a Elvira, y no para mi justo dueño,
	no quisiera a su hermana para esposa,
	a no obligarle causa tan forzosa.)

Conde   Mucho dudáis. Ya teme mi esperanza
         que especie de negar es la tardanza.

Rey   Conde, mucho me admira que a Rodrigo
         la ley, mejor que a mí, guardéis de amigo,
         anteponiendo a mi opinión su gusto,
         pues el nombre de fácil y el de injusto
         queréis que me dé el mundo; que es forzoso,
         si al que apartó de mí tan riguroso
         vuelvo a mis ojos, que tendrán por llano
         que o fui en culpar injusto, o fui liviano
         en volver a mi gracia al que perdella
         mereció por su error, estando en ella
         Si le habéis vuestra hija prometido,
         yo de mi mano la daré marido;
         que ni a vos está bien, ni os lo merezco,
         que emparentéis con hombre que aborrezco.
         Y no de lo que os niego estéis sentido,
         pues cuando vuestro intento me ha ofendido,
         Melendo, y yo con vos no me he indignado,
         no es poco lo que habéis de mí alcanzado.

(Vase el Rey.)

Conde   ¡Ay, Melendo infeliz! ¡Ay, honor mío!

Ya de la fe y palabra desconfío
del rey. La causa dura y el intento,
pues el efeto vive y el enojo.
Proseguir quiere su liviano antojo;
que impedir de Rodrigo el casamiento,
es temer que le estorbe tal cuñado
lo que a impedir tal padre no ha bastado.
Aquí no hay que esperar; que es bien que muera
quien la amenaza ve y el golpe espera.
Melendo, el rey vuestra deshonra piensa;
huid que con un rey no hay más defensa.

(Sale don Bermudo.)

Bermudo   Cuidadoso estoy, señor,
de saber cómo te ha hablado
el rey, o qué indicio ha dado
de la mudanza en su amor.

Conde   Hijo, cierto es nuestro daño.
Echada la suerte está;
que por muchas causas ya
la sospecha es desengaño.
    Alfonso es rey, bien lo veo.
Prometió, mas es amante;
no hay propósito constante
contra un constante deseo.
    El remedio está en la ausencia;
que al furor de un rey, Bermudo,
la espalda ha de ser escudo,
y la fuga resistencia.
    Del señor me hice vasallo
por la ley del homenaje;
pero su injuria y mi ultraje

	me obligan a renunciallo.
Bermudo	Bien dices, padre. A Galicia partamos; que allí serás solo el señor, y tendrás en tus manos tu justicia; pues si la naturaleza renunciares de León, sabrá el rey que iguales son tu poder y tu grandeza.
Conde	Por lo menos determino salir de la corte luego; y porque el rey, que está ciego, no nos impida el camino, no quiero agora partirme a Galicia, mas fingiendo que en Valmadrigal pretendo descansar y divertirme, le aseguraré, y allí dispondrá secretamente mi partida con la gente de Villagómez; que así no prevendrá mi intención Alfonso.
Bermudo	Bien lo has trazado.
Conde	Ya que vaya mal pagado, iré honrado de León.

(Vanse el Conde y don Bermudo. Salen villanos, cantando y bailando esta letra; y Jimena, villana, y Rodrigo, de campo.)

Villanos	«Quien se quiere solazar, véngase a Valmadrigal. Mala pascua e malos años para cortes e ciudades. Aquí abondan las verdades, allá abondan los engaños; los bollicios e los daños allá non deján vagar. ¿Quién se quiere solazar? ¡Sa!»
Jimena	Non bailedes ende más, non fagades más festejo; que finca el mueso señor todo esmarrido e mal trecho. Tiradvos; que en poridad yo, que por fijo le tengo, con él quiero departir sobre sus cuitas e duelos.
Villano I	Bien digo yo que non pracen folguras al mueso dueño.
Villano II	Pues se ha venido a la villa, fecho le habrán algún tuerto.
(Vanse los villanos.)	
Jimena	Mi Rodrigo, ¿qué tenedes? Esfogad conmigo el pecho, si vos miembra que del mío vos di el primer alimento. Ama vuesa so, Rodrigo. A nadie el vueso secreto podedes mejor fiar;

	que como madre vos quiero.
Rodrigo	De tu amor y tu intención, Jimena, estoy satisfecho; mas no hay alivio en mis penas, ni en mis desdichas remedio. Si descansara en contarlas, las fiara de tu pecho; mas con la memoria crece el dolor y el sentimiento.
Jimena	Si alguno desmesurado vos ha fecho algún denuesto, e por secreto joicio non vos cumpre desfacerlo por vuesas manos, Rodrigo, maguer que ha tollido el tiempo tanta posanza a las mías, e que so fembra, me ofrezco a magollar a puñadas a quien vos praza, los huesos; que en toda muesa montaña non ye león bravo e fiero a quien yo con los míos brazos non dé la muerte sin fierro.
Rodrigo	Ya sé tus valientes bríos, y los sabe todo el reino; pero la suerte se sufre, no se vence con esfuerzo; que bien conoces del mío que, a ser humano sujeto quien me ofende, sin tu ayuda, supuesto que te agradezco

	la voluntad, me vengara.
(Sale un Paje.)	
Paje	Un hidalgo forastero a solas te quiere hablar.
Rodrigo	Entre. Y tú, Jimena, luego a verme puedes volver.
(Vase el Paje.)	
Jimena (Aparte.)	De buen grado. (Pues secreto quiere fabrar, escochar sus poridades pretendo; quizás de esta maladanza podré saber el comienzo.)

(Retírase Jimena al paño. Sale el rey don Sancho, de camino.)

Sancho	Rodrigo de Villagómez, ¿conocéisme?
Rodrigo	Si no niego crédito a los ojos míos, y si en lugar tan pequeño tanta grandeza cupiera, juzgara que es el que veo don Sancho, rey de Navarra.
Sancho	El mismo soy.
Rodrigo	Pues ¿qué es esto? ¡Vuestra majestad, señor,

	solo y fuera de su reino!
Jimena (Aparte.)	(¡Válasme, San Salvador!)
Sancho	Villagómez, mis sucesos me trajeron a León, y a Valmadrigal los vuestros; mas no estéis así; cubríos.
Rodrigo	Señor...
Sancho	Rodrigo, cubierto ha de estar el que merece que un rey le visite.
Rodrigo	Harélo porque vos me lo mandáis; que si el estar descubierto, rey don Sancho, es respetaros, cubrirme es obedeceros.
(Cúbrese.)	
Sancho	Si fuérades mi vasallo, hiciera con vos lo mesmo; que de vuestra ilustre casa sé bien los merecimientos. Mas porque esta novedad con causa os tendrá suspenso, os diré en breves razones la ocasión.
Rodrigo	Ya estoy atento.

Sancho   La bella Mayor, infanta
                      de Castilla, a cuyo empleo
                      aspiré, solicitó
                      de suerte mis pensamientos,
                      que yo en persona partí
                      a Castilla a los conciertos,
                      para obligar con finezas
                      más que con merecimientos;
                      mas no por esto he dejado
                      de malograr mis deseos,
                      porque a los más diligentes
                      ama la Fortuna menos.
                      El Conde Sancho García,
                      su padre, al fin ha resuelto
                      hacer al rey de León,
                      Alfonso el quinto, su yerno.
                      Yo, perdida esta esperanza,
                      de Castilla partí luego,
                      y porque es tiempo de dar
                      sucesores a mi reino,
                      a doña Teresa, hermana
                      de Alfonso, los pensamientos
                      volví, y queriendo informar
                      por los ojos el deseo,
                      quise pasar por León
                      disfrazado y encubierto,
                      por ver primero a Teresa
                      que declarase mi intento.
                      Prevención fue provechosa,
                      pues la libertad y el seso
                      he perdido por Elvira,
                      hija del Conde Melendo;
                      y porque de la ventaja
                      no dudases, ordenó el cielo

	que con la infanta la viese.
	Al fin la vi, que con esto,
	pues la conocéis, Rodrigo,
	he dicho lo que padezco
	que a darle la corona
	de Navarra me resuelvo.
	Pues como para tratarlo
	os eligiese, sabiendo
	que del Conde de Galicia
	sois amigo tan estrecho,
	de la mudanza del rey
	y vuestro retiramiento
	me han informado, y así
	con dos fines partí a veros:
	uno, pedir que tratéis
	mis intentos con Melendo;
	y otro, ofreceros no solo
	un estado, más un reino
	si a Navarra queréis iros,
	y si ganaros merezco,
	cuando Alfonso no rehúsa
	perder tanto con perderos.
Jimena (Aparte.)	(¿Que al rey tenedes sañudo,
	Rodrigo? Mas en el suelo,
	¿quién si non el rey pudiera
	de mal talante ponervos?)
Rodrigo	Señor, en cuanto a mi toca,
	la merced os agradezco;
	pero de Alfonso hasta aquí
	ni me agravio ni me quejo,
	para que me ausente de él;
	que de su privanza es dueño,

(Aparte.)	y la agradezco gozada, y perdido no me ofendo. En cuanto a Elvira, señor... (Pues con ilícito intento la adora Alfonso, y don Sancho para legítimo dueño, perdone si en estas bodas quiero servir de tercero.)
Sancho	Rodrigo, ¿dudáis?
Rodrigo	Estoy pensando que es ofenderos admitir la tercería; que vuestros merecimientos, vanidad, no dicha sola, darán a Elvira y Melendo; y así, no es bien que mostréis desconfianza. Vos mesmo ganad, señor, las albricias de su ventura con ellos.
Sancho	No os hago porque me falte confianza mi tercero, sino porque nadie sepa que estoy en León.
Rodrigo	En eso, del Conde podéis fiar lo que fiáis de mi pecho.
(Sale un Paje.)	
Paje	En Valmadrigal ha entrado

	agora el Conde Melendo con sus dos hijas hermosas.
(Vase el Paje.)	
Rodrigo (Aparte.)	¡Válgame Dios! (Ya recelo alguna gran novedad.) Él ha venido a buen tiempo. Yo le salgo a recibir y apercibirle el secreto, para que en viéndoos, señor, disimule el conoceros.
Sancho	Id delante; que yo os sigo.

(Vanse el rey don Sancho y Rodrigo.)

Jimena	¡Rodrigo, el Conde Melendo, sus fijas, el rey don Sancho en Valmadrigal! ¿Qué ye esto? O la Fortuna ensandece, o León finca revuelto.

(Vase Jimena. Salen Ramiro y Cuaresma.)

Cuaresma	En efeto, ¿la privanza del rey animó tu amor para poner en Leonor, atrevido, la esperanza?
Ramiro	En mi valor y nobleza no fuera amarla delito; mas, por pobre, necesito de la gracia de su alteza

	para alcanzar su beldad.
Cuaresma	Está bien; mas fuera justo no tomar cosas de gusto con tanta incomodidad; que rondar la noche toda, señor, sin haber cenado, es querer un desposado más su muerte que su boda.
Ramiro	¿Aún dura?
Cuaresma	¿No ha de durar, pues aún el desmayo dura? ¿Piensas que soy por ventura Cuaresma por ayunar? Ayunar a la Cuaresma es precepto, mas ninguno podrá decir que al ayuno está obligada ella mesma.
Ramiro	Haz, pues, en ti consecuencia; que por Cuaresma o por santo, no te ayunarán, pues tanto aborreces la abstinencia.
Cuaresma	Antes yo siempre entendí que comiendo bien, seré un santo y lo probaré, si escucharme quieres.
Ramiro	Di.
Cuaresma	Quien come bien, bebe bien;

>   quien bien bebe, concederme
> es forzoso que bien duerme;
> quien duerme, no peca; y quien
>   no peca, es caso notorio
> que si bautizado está,
> a gozar del cielo va
> sin tocar el purgatorio.
>   Esto arguye perfección.
> Luego, según los efetos,
> si son santos los perfetos,
> los que comen bien lo son.

Ramiro
>   Calvino solo aconseje
> amar esa santidad.

Cuaresma
> La hambre es necesidad,
> y tiene cara de hereje,
>   y fue tal la que pasé...
> del miedo no digo nada.
> Pero ya que está pasada,
> dime, ¿de qué fruto fue
>   tanto trasnochar?

Ramiro
>   De hacer
> méritos con mi Leonor.

Cuaresma
> ¿Si no lo sabe, señor?

Ramiro
> ¿No lo pudiera saber?

Cuaresma
>   Sacó la espada un valiente
> contra un gallina, y huyendo
> el cobarde, iba diciendo:
> «Hombre, que me has muerto, tente.»

      Acudió gente al ruido,
y uno, que llegó a buscarle
la herida para curarle,
viendo que no estaba herido,
    dijo: «¿Qué os pudo obligar
a decir, si no os hirió,
que os ha muerto?». Y respondió:
«¿No me pudiera matar?»
    Así, tú, porque pudiera
saberlo doña Leonor,
haces lo mismo, señor,
que hicieras si lo supiera.

Ramiro	Dices bien, y un papel quiero que le diga mi cuidado y que Nuño, su criado, le lleve.
Cuaresma	¿No es el portero de su casa?
Ramiro	Sí. A llamalle parte al punto con secreto.
Cuaresma	Eso yo te lo prometo. Mándame, señor, que calle, que es una virtud que pocos gozan; y no sin cenar trasnochar y pelear; que ésas son cosas de locos.

(Vase Cuaresma.)

Ramiro	¿Que dilate el rey mi intento,

>   pudiendo, si el labio mueve,
>   reducir a un punto breve
>   tantos siglos de tormento?

(Sale el Rey.)

Rey   Ramiro amigo...

Ramiro   Señor...

Rey   Ya conozco en mi impaciencia
               que es la misma resistencia
               incentivo del amor.
                  Prometí mudar intento;
               pero con la privación
               ha crecido la pasión
               y menguado el sufrimiento;
                  y cuando mal los desvelos
               resistía del amor,
               llegaron con más rigor
               a la batalla los celos.
                  Los celos que me ha causado
               Villagómez me han vencido;
               que aunque a Leonor ha pedido
               y se muestra enamorado,
                  bien sé que sale esta flecha
               de la aljaba del temor,
               y finge amor a Leonor
               por desmentir la sospecha.
                  ¿Qué haré en confusión igual,
               cuando me obliga a morir
               el Amor, o a no cumplir
               la fe y la palabra real?

Ramiro	¿Que Villagómez pidió a Leonor?
Rey	El Conde ayer, para hacerla su mujer, a pedirme se atrevió licencia.
Ramiro	¿Y qué respondiste?
Rey	Neguéla; que no me olvido de que te la he prometido.
Ramiro	No menos merced me hiciste que provecho a tu afición, si has de seguir tu cuidado; porque es tan loco, de honrado, Rodrigo, y en su opinión los breves átomos mira con tan necia sutileza, que estorbará a vuestra alteza, siendo cuñado de Elvira, como si su esposo fuera; sin advertir que las leyes en las manos de los reyes que las hacen, son de cera; y que puede un rey, que intenta que valga por ley su gusto, hacer lícito lo injusto y hacer honrosa la afrenta; pues del vasallo al señor es tanta la diferencia, que con ella es la inocencia recompensa del error.

Rey
>   Ramiro, con justa ley
>   te doy el lugar primero
>   por amigo verdadero,
>   y vasallo que del rey
>   venera la majestad
>   y conoce la distancia;
>   pues no hacerlo es arrogancia
>   que se atreve a deslealtad.
>   Sepa a lisonja o engaño
>   lo que dices; que en efeto
>   es la lisonja respeto
>   y atrevido el desengaño.

(Sale don Mendo, de camino, con dos pliegos.)

Mendo   Dame, gran señor, los pies.

Rey
> Vengas muy en hora buena,
> Mendo; que estaba con pena
> de tu tardanza.

Mendo
>   Ésta es
>   del Conde Sancho García,
>   y las capitulaciones
>   de las bodas que dispones,
>   en este pliego te envía.

Rey   ¿Cómo está?

Mendo   Bueno está el Conde.

Rey   ¿Y Mayor?

Mendo	También.
Rey	¿Es bella?
Mendo	La fama, señor, por ella sin lisonja te responde.

(Dale los pliegos. Sale Cuaresma y habla aparte con don Ramiro mientras el Rey lee.)

Cuaresma	Señor...
Ramiro	¿Qué tenemos?
Cuaresma	Nada, y mucho peor.
Ramiro	No entiendo; háblame claro.
Cuaresma	Melendo nos ha dado cantonada.
Ramiro	¿Cómo?
Cuaresma	Con su casa el Conde de la corte se ha partido.
Ramiro	¿Qué dices?
Cuaresma	Lo que has oído.
Ramiro	¿Y has sabido para adónde?

Cuaresma	Dicen que a Valmadrigal se retira.
Ramiro (Aparte.)	(¡Oh, santos cielos! ¿Esto más porque a mis celos crezca la furia mortal?)
Rey	Estas capitulaciones importa comunicar con Melendo.
Ramiro	Si a esperar su parecer te dispones, según agora he sabido, a Valmadrigal, señor, con Elvira y con Leonor esta mañana ha partido.
Rey	¿Qué dices? ¡Sin mi licencia se ha ausentado de León; y para darme ocasión a que pierda la paciencia sin recelar mis enojos, a quien sabe que me ofende busca! Sin duda pretende quebrarme el Conde los ojos, y sabe a poca lealtad y a conspiración su intento.
Ramiro	Tan breve retiramiento, señor, sin tu voluntad, o mucha resolución o poco respeto ha sido.

Rey
 De cólera estoy perdido;
 ya no sufre el corazón
  el incendio, ya la mina
 de celos y amor revienta;
 que pues el Conde se ausenta
 sin mi licencia, imagina
  que mi palabra rompía...
 Y ya lo hará mi pasión;
 que quita la obligación
 quien muestra que desconfía.
  Ven, Ramiro; que al dolor
 más dilación no permito.

Ramiro
 Lícito es cualquier delito
 para no morir de amor.

(Vanse el Rey, don Ramiro, y Cuaresma. Salen Jimena, doña Elvira y doña Leonor.)

Jimena
  Por la mi fe, Leonor, que yo vos quiero
 tanto de corazón, porque el mío fijo
 plañe por vueso amor, que nin otero,
 nin prado, fuente, bosque nin cortijo
 me solazan sin vos; e compridero
 fuera además maguer que el rey non quijo
 donar para las bodas su mandado,
 que las fagades vos, mal de su grado.
  ¿Qué puede lacerar en las sus tierras
 Rodrigo si por novia vos alcanza?
 De caza ahondan estas altas sierras,
 frutos ofrece el valle en abastanza.
 Fuya dende las cortes e las guerras,
 viva entre sus pecheros con folganza;
 su mosto estruje, siegue sus espigas,

                            goze su esposa, e déle al rey dos figas.

Leonor   Resuelta es la villana.

Elvira   Es a lo menos
                    desengañada.

Leonor   Con el rey, Jimena,
                    tienen por deshonor los hombres buenos
                    solo un punto exceder de lo que ordena.

Jimena   Non ye caso, Leonor, de valer menos,
                    nin traspasa la jura, nin de pena
                    justa será merecedor por ende,
                    si face tuerto el rey, quien no le atiende.
                        E Rodrigo, además, tiene posanza,
                    si le asmare facer desaguisado,
                    para que nin le venga malandanza,
                    nin cuide ser por armas astragado.
                    ¡E a Dios pluguiera que su aventuranza
                    estuviera en la lid, maguer que he andado
                    lo más ya del vivir! Que a fe de buena,
                    que León se membrara de Jimena.
                        Alfonso me perdone; que, ensañada,
                    fablo lo que nin debo nin ficiera;
                    mas como por mío fijo estó arrabiada,
                    esfogo el mío dolor en tal manera.

Elvira (Aparte.)   (¡Pluguiera Dios que el alma enamorada
                    como descansas, descansar pudiera,
                    diciendo mi dolor y sentimiento,
                    aunque las quejas se llevara el viento!
                        ¡Ah, falso Alfonso! Si tu amor constante
                    borrar de la memoria has prometido,

  ¿cuándo ha cumplido verdadero amante
palabra en que el amor es ofendido?
Advierte, pues, que en cada breve instante
siglos perdiendo vas; que combatido
es de otro rey mi pecho, y se defiende
mal de un amor que obliga amor que ofende.)

(Sale don Rodrigo.)

Rodrigo   Náyades bellas de esta fuente fría,
ninfas que gloria sois de esta espesura,
¿por qué esta soledad merece el día?
¿Por qué goza este soto la luz pura
de vuestros claros soles? Leonor mía,
bien de mi amor, si no de mi ventura,
¿por qué si al campo dan flores tus ojos,
amor, en vez de flores, pisa abrojos?

Leonor   Porque un amante tan considerado,
que entre la pretensión de los favores
atento vive a la razón de estado,
pisar merece abrojos y no flores;
holgárame que hubierais escuchado
a Jimena culpar vuestros temores,
mas no teme quien ama; y así puedo
culpar en vos más el amor que el miedo.
  Al rey, ni digo yo, ni fuera acierto
que os opongáis, ni yo os lo consintiera;
mas cuando, amante Júpiter, advierto
que tocó al suelo la estrellada esfera,
echo menos en vos el desconcierto
que una afición engendra verdadera,
y ver quisiera en vuestros pensamientos,
si no la ejecución, los movimientos.

            No temió la venganza, no la ira
            del fuerte Alcides el centauro Neso,
            cuando ciego de amor por Deyanira,
            despreciando la vida, perdió el seso,
            y por huir la venenosa vira
            del ofendido, con el dulce peso
            corrió, y, muriendo al fin, vino a perdella,
            mas no la gloria de morir por ella.
            Si resistir al rey fuera injusticia,
            huir del rey no fuera resistencia;
            y trocar por Leonor y por Galicia
            a Alfonso y a León, no es diferencia
            tan grande, que debiera la codicia
            y ambición ser estorbo de la ausencia.
            Mas no lo hagáis, que ya me habéis perdido,
            pues nunca un mal amante es buen marido.

(Vase doña Leonor.)

Rodrigo   Aguarda, luz hermosa de mis ojos.

Jimena   Huyendo va como emplumada vira.

Rodrigo   Síguela, mi Jimena, y sus enojos
                   aplaca mientras hablo con Elvira.

Jimena   Si vos mismo, arrepiso, los hinojos
                   fincados, non tirades la su ira,
                   imal año para vos, que de una pena
                   tan cabal guarescades por Jimena!

(Vase Jimena.)

Rodrigo (Aparte.)   (Solo puede culparme quien ignora

          la precisa ocasión que me refrena,
          y más cuando al navarro, que la adora,
          muestra Elvira desdén, con que a mi pena
          aumenta los temores; pues si agora
          no puedo persuadirla, me condena
          a sospechar del todo que suspira
          por el amor de Alfonso.) Escucha, Elvira.

(Salen el Rey, don Ramiro y Cuaresma, de camino. Hablan don Rodrigo y Elvira en secreto.)

Cuaresma   A gozar de la frescura
                      del Soto, según me han dicho
                      unos villanos, las dos,
                      con un ama de Rodrigo
                      del lugar se han alejado.

Rey   Suerte dichosa habrá sido,
                      si ofrece la soledad
                      ocasión al un designio
                      de los dos que de León
                      a esta villa me han traído.

Ramiro   ¿No era mejor, pues viniste,
                      señor, a prender tú mismo
                      a Rodrigo, receloso
                      de que pierda a tus ministros
                      el respeto, y se declare
                      desleal y vengativo,
                      en su poder y el del Conde
                      confiado y atrevido,
                      ejecutarlo primero?

Rey   De mis intentos, Ramiro,

| | el más principal es ver
a Elvira, pues es motivo
de los demás; y si tengo
tanta dicha, que el sombrío
bosque en soledad me ofrezca
ocasión, me determino
a no perderla. |
|---|---|
| Cuaresma | Detente,
que a Villagómez he visto. |
| Rey | ¡Y está con él sola Elvira!
¡Vive Dios!... |
| Ramiro | Mira si han sido
mentirosas mis sospechas. |
| Rey | Ya el rabioso desatino
de los celos me enloquece.
Mas oigamos escondidos,
pues ayuda para hacerlo
la espesura de este sitio,
lo que platican los dos. |
| Rodrigo | Elvira, mucho me admiro
de que con tal resistencia
de liviana des indicios.
Sin duda el amor de Alfonso
te obliga a tal desvarío;
que ¿por cuál otra ocasión
despreciaras un marido
que una corona te ofrece? |
| Rey (Aparte.) | (¡Ah, cielos! Corona ha dicho.) |

Ramiro	Ved si la conspiración
alevosa que imagino
es cierta.
Rodrigo	Vuelve en tu acuerdo;
cobra, Elvira, los sentidos;
mira que Alfonso se casa
en Castilla, y que contigo
solo en tu infamia pretende
alcanzar gustos lascivos;
y es locura que desprecies
por un galán un marido
que te adora y es su igual.
Rey (Aparte.)	(Que es mi igual, dice, Ramiro.
¡Mataréle, vive Dios!)
Ramiro	Bien lo merece.
Elvira	Rodrigo,
mucho me espanta y ofende
que os arrojéis atrevido
a decirme que pensáis
que de liviana resisto;
que esa licencia le toca
solo al padre o al marido
y al deudo cercano apenas;
y vos, ni sois deudo mío,
ni mi esposo habéis de ser.
Rey	Ya la sospecha confirmo
de que es él quien la pretende.
.... [-i-o].

Rodrigo   Si no he de ser vuestro esposo,
              tengo, por ser el amigo
              más estrecho de Melendo,
              esta licencia.

(Sale Jimena y habla con don Rodrigo.)

Jimena   Rodrigo,
              catad que unos cortesanos,
              en zaga de esos alisos,
              a vuesas fabras atienden.
              Yo, con estos ojos mismos,
              los vi pasar, e a sabiendas
              en pos de ellos he venido,
              cuidadosa que os empezcan,
              para vos dar este aviso.

Rodrigo   ¿Y me habrán oído?

Jimena   ¡Aosadas!

Rodrigo   Que están a ojo. Pues idos
              las dos; que quiero saber
              quién son, y si me han oído,
              examinar su intención
              y prevenir mi peligro.

Elvira   Jimena, vamos.

Jimena   Elvira,
              caminad que ya vos sigo.
(Aparte.)   (A la fe cuido ende ál;
              que de mal talante he vido

                    los cortesanos, faciendo
                    asechanzas a Rodrigo,
                    e fasta en cabo, cobierta
                    fincaré entre estos lentiscos.)

(Retírase Jimena.)

Rey   Elvira se va; mas ya
                    Villagómez nos ha visto.

Ramiro   ¿Qué determinas?

Rey   Matarle,
                    que estoy loco de ofendido.

Rodrigo   ¡Válgame Dios! ¿No es el
                    rey? ¡Vos, gran señor!...

Rey   ¡Atrevido,
                    falso, alevoso!...

Rodrigo   Señor,
                    advertid que soy Rodrigo
                    de Villagómez, y quien
                    de mi lealtad haya dicho
                    o pensado cosa injusta,
                    de vos abajo, ha mentido.

Rey   Mis oídos y mis ojos
                    han escuchado y han visto
                    con Elvira y contra mi
                    vuestros aleves designios;
                    y porque un vil descendiente
                    con el público suplicio

> no manche la sangre ilustre
> de tantos nobles antiguos,
> pues es por las manos propias
> del rey honroso castigo,
> quiero ocultar vuestra culpa
> y daros muerte yo mismo.

(Saca la daga el Rey y tírale una puñalada, y Rodrigo, con la mano izquierda, le tiene el brazo.)

Rodrigo   Tened el brazo, señor.

Rey   Soltad. Matadle, Ramiro.

(Sacan las espadas, y Rodrigo la saca con la derecha, sin soltar al Rey.)

Ramiro   ¡Al rey te atreves! ¿La espada
sacas contra el rey?

Rodrigo   Contigo
la saco, no con el rey.

(Sale Jimena de entra las matas.)

Jimena   ¡Ah, malas fadas! Rodrigo,
yo me tendré con Alfonso,
vos tened vos con Ramiro.

(Coge en brazos al Rey y métele dentro.)

Rey   Suelta, villana. ¿A tu rey
te atreves!

Jimena   Rey, el mío fijo

                    defiendo, non vos ofendo.

(Éntranse acuchillando Rodrigo y Ramiro.)

Cuaresma   A matar tiran, por Cristo
                          yo me voy a confesar,
                          y vuelvo a morir contigo.

                          Fin de la segunda jornada

Jornada tercera

(Salen Rodrigo, de villano, y Jimena.)

Rodrigo   Cuéntame cómo escapaste;
       que con el rey en los brazos
       te dejé, y con gran disgusto
       me ha tenido este cuidado.

Jimena   Si yo non pusiera mientes
       a que era el rey, ¡malos años
       para mí, si non podiera
       como a un pollo espachurrallo!
       Asaz lo prició de recio,
       e dije: «¿Tan mal recado
       fizo Rodrigo en servir
       de mandadero a don Sancho
       con Elvira, que tirarle
       la vida hayades asmado?
       Si el rey de Navarra a Elvira
       quiere endonar la su mano,
       ¿en qué vos ha escarnecido,
       que fincades tan amargo?».
       Entonces me semejó
       que le falleció un cuidado,
       e otro le empezó además;
       que pescudó con espanto
       si fablábades a Elvira
       en persona de don Sancho
       por su amor; e mala vez
       le repuse que sí, cuando
       con mayor afincamiento
       quiso escapar de mis brazos,
       diciendo: «Suelta, villana».

Mas yo, que le vi arrabiado,
Dije: «Alfonso, non cuidedes
que vos largue, fasta en tanto
que pongades preitesía
de non facer ende daño
al mi Rodrigo». A la cima,
bien de fuerza o bien de grado,
fizo el preito, e yo otrosí
tiréle luego el embargo,
e homillosamente dije,
con los hinojos fincados.
«Rey, ama so de Rodrigo;
estos pechos le criaron;
en mi amor semejo madre.
Si atendiendo como sabio
e como nobre que amor
torna enfurecido e sandio,
vos non prace perdoname,
védesme al vueso mandado.»
¡Oh divino encrinamiento!
¡Oh pergeño soberano
de los reyes, que ofendidos
muestran su nobreza en cabo!
Rodrigo, la nombradía
que enconaron los ancianos
de rey de las alimañas
al León, non ye por tanto
que en la posanza las venza
de las sus guarnidas manos,
si non por ser además,
de corazón tan fidalgo,
que non fiere al homildoso,
maguer que finque rabiando.
Alfonso de sí repuso

con talante mesurado:
«Por ser fembra, e porque amor
vos desculpa, non me ensaño,
e vos dono perdonanza.»
Así me fablaba, cuando
volvió a le buscar Ramiro,
dijendo que los villanos
con el roido bollían
soberbiosos e alterados,
e que a non le guarir vos,
fincara muerto a sus manos.
Sin departir ende ál,
sobieron en sus caballos
amos a dos, e en el bosque
a más andar se alongaron.
De esta guisa aconteció.
Con su preito ha asegurado
non vos empecer Alfonso;
pero si vos, sin embargo,
non tenedes seguranza,
idvos con el rey don Sancho,
pues vos endonar promete
en la su tierra un buen algo;
que maguer que la palabra
obriga a los reyes tanto,
como nin venganza cabe,
nin afrenta en ser tan alto,
pues non ye cosa que pueda
oscurar al Sol los rayos,
sandio, Rodrigo, seredes
en atender confiado,
nin la fe de un ofendido
nin la piedad de un contrario.

Rodrigo	Tus consejos y tu amor me obligan, Jimena, tanto, cuanto me alegra que Alfonso haya tu error perdonado. Mas ¿dijístele que estaba en Valmadrigal don Sancho?
Jimena	Non, Rodrigo; que los cielos más sesuda me guisaron. Non semejo fembra yo, e me mandaste callarlo.
Rodrigo	Por conocerte, de ti, Jimena, no me recato. Mas de Leonor, ¿qué me dices? ¿Está triste? ¿Han eclipsado las nubes de mis desgracias de sus dos ojos los rayos?
Jimena	Maguer que el su amor cobija en vuesa presencia tanto, non fallece de plañir su lacería e vuesos daños agora que vos non ve.
Rodrigo	¡Ay mi Leonor! Si los hados se oponen a mis deseos, ¿cómo podré contrastarlos?
Jimena	Escochar quiero otrosí, Villagómez, vuestros casos.
Rodrigo	Ya viene el Conde Melendo y también querrá escucharlos.

(Sale el Conde.)

Conde   ¡Rodrigo! Bien puede un día
de ausencia pedir los brazos.

Rodrigo   Solo por gozar los vuestros
a lo que veis me he arriesgado.

Conde   Supuesto que de Jimena
he sabido los agravios
que intentó haceros el rey,
y cómo para libraros
ella con él se abrazó
atrevida, y vos sacando
contra Ramiro la espada
os defendistes, aguardo,
Rodrigo, que me informéis
de lo restante del caso.

Rodrigo   Ramiro esgrimió el acero
con ánimo tan bizarro y
con tan valiente brío,
que no suenan de Vulcano
los martillos más apriesa
que los golpes de su brazo.
Es verdad que yo intentaba
defenderme, no matarlo;
que respetaba en su pecho
a Alfonso, cuyo mandato
era mano de su espada,
como de su vida amparo.
Nunca las valientes lanzas
de escuadrones africanos

el rostro pálido y feo
de la muerte me enseñaron,
y la vi en la fuerte espada
de Ramiro, o por ser tanto
su valor, o porque yo
en ella miraba un rayo,
como es Júpiter el rey,
por su mano fulminado.
Al fin, como el bosque
espeso parece que procurando
ponernos en paz, formaba
a nuestros golpes reparos,
poniendo en medio a las dos
espadas troncos y ramos,
y nuestros agudos filos,
sin advertir en su daño,
sus árboles despojaban
de los adornos de mayo,
querelloso estremecía
los montes y valles, dando
con cada ramo un gemido,
si con cada golpe un árbol.
O la fama o el estruendo
convocó de los villanos
un ejército sin orden;
y como precipitado
con la venida el arroyo
a quien la lluvia en verano
da con el caudal soberbia,
con que presas rompe, campos
inunda, troncos arranca,
lleva de encuentros peñascos,
no de otra suerte la turba
de mis furiosos vasallos

penetró el bosque, rompiendo
los jarales intrincados;
y cual la rabiosa tigre
en los desiertos hircanos
embiste a quien le pretende
quitar el pequeño parto,
así en favor y en venganza
de su dueño se arrojaron
a dar la muerte a Ramiro
todos juntos los villanos.
Mas yo, que solo atendía
a librarme del rey, dando
evidencias del respeto
y la lealtad que le guardo,
en defensa de Ramiro
el acero vuelvo, y hago
escudo suyo mi pecho,
y mi vida su sagrado,
y no más fácil serena
las tempestades el arco
que de cambiantes colores
la frente corona al austro,
que ya el amor, ya el temor
que me tienen mis vasallos,
de su embravecida furia
reprimió el ardiente brazo.
Yo, vuelto a Ramiro entonces,
le dije: «Bien he mostrado
que ha sido el intento
mío defenderme, no mataros.
Volved a buscar al rey,
y haced, Ramiro, a su lado,
el oficio que yo al vuestro
hice con vuestros contrarios;

que terciar yo en los conciertos
de Elvira y el rey don Sancho
ni es de su respeto injuria
ni de su amor es agravio,
pues antes hiciera ofensa
a su grandeza, si cuando
de olvidar a doña Elvira
su real palabra ha dado,
gobernase por su amor
mis acciones, pues mostrando
de su fe desconfianza
le hiciera notorio agravio».
Él me respondió: «Rodrigo,
su enojo causó un engaño,
con equívocas razones
que os escuchó, acreditado;
que entendió que para vos,
y no para el rey Navarro,
de la hermosa doña Elvira
conquistábades la mano.
Mas fiad; que pues a un tiempo
en vos, Villagómez, hallo
obligación para mí,
y para el rey desengaño,
han de mostrar mis finezas
que no puede hacer ingratos
la competencia ambiciosa
los corazones hidalgos».
Dijo, y partióse Ramiro;
pero yo, considerando
qué es necia la confianza,
y que es prudente el recato,
me determiné a ocultarme,
hasta que el tiempo o los casos

aplaque del rey la ira.
Y para este fin, trocando
con un villano el vestido,
a las fieras y peñascos
de la montaña pedí
de mis desdichas amparo;
y agora en la oscuridad
y en el disfraz confiado
atropellé mi deseo
los peligros, por hablaros.
Conde amigo, aconsejadme,
cuando padecen naufragio
mis pensamientos confusos
de vientos tan encontrados;
que si resuelvo pasarme
fugitivo a reino extraño,
el mostrarme temeroso
es confesarme culpado;
y ni la amistad permite
en esta ocasión dejaros,
ni ausentarme de Leonor
el deseo de su mano;
y si en las tierras de Alfonso
su resolución aguardo,
es mi rey, tiene poder,
es mozo y está enojado.

Conde   Villagómez, yo no puedo
por agora aconsejaros;
que estoy también de consejo,
como vos, necesitado;
pues porque esté más confuso,
presumo que el rey don Sancho,
por los indicios, de Alfonso

       el amor ha sospechado.
       Y así, resuelvo, Rodrigo,
       dejar hoy de ser vasallo
       de Alfonso, según los fueros
       en este reino guardados,
       por poder hacerle, uniendo
       mi poder al del Navarro,
       o sin deslealtad la guerra,
       o la paz con desagravio.
       Y así, lo más conveniente
       es que aguardéis retirado
       a que os dé mejor consejo
       lo que resulte del caso.
       Fuera que de estos sucesos
       el reino murmura tanto
       que espero que brevemente
       el rey, para sosegarlo,
       a su gracia ha de volveros.
       Y con esto, retiraos,
       que ya la rosada aurora
       anuncia del Sol los rayos;
       y para que no arriesguéis
       vuestra persona, bajando
       vos al lugar, decid dónde,
       cuando importe, podré hallaros.

Rodrigo   En la parte donde tiene
       principio en duros peñascos
       la fuente que entre los olmos
       baja al valle.

Jimena   Yo he pisado
       mil vegadas esas peñas.

Conde	Adiós, pues.
Jimena	A acompañaros iré con mandado vueso, hasta vos poner en salvo.

(Vanse el Conde, don Rodrigo y Jimena. Salen don Ramiro y Cuaresma.)

Ramiro	¿Cómo siendo tan cobarde has tenido atrevimiento para ponerte a mis ojos?
Cuaresma	¿Engañéte yo? ¿Qué es esto? ¿Díjete que era valiente? ¿Derramé juncia y poleo? ¿Dos mil veces no te he dicho que al lado ciño el acero solo por bien parecer, y que soy el mismo miedo? ¡Aquí de Dios! ¿En qué engaña quien desengaña con tiempo? Culpa a un bravo bigotudo rostriamargo, hombrituerto, que en sacando la de Juanes toma las de Villadiego; culpa a un viejo avellanado tan verde, que al mismo tiempo que está aforrado de martas anda haciendo Madalenos; culpa al que de sus vecinos se querella, no advirtiendo que nunca los tiene malos el que los merece buenos; culpa a un ruin con oficio,

>   que con el poder soberbio,
>   es un gigantón del Corpus,
>   que lleva un pícaro dentro;
>   culpa al que siempre se queja
>   de que es envidiado, siendo
>   envidioso universal
>   de los aplausos ajenos;
>   culpa a un avariento rico,
>   pobre con mucho dinero,
>   pues es tenerlo y no usarlo
>   lo mismo que no tenerlo;
>   culpa a aquel que, de su alma
>   olvidando los defetos,
>   graceja con apodar
>   los que otro tiene en el cuerpo;
>   culpa, al fin, cuantos engañan;
>   y no a mi, que ni te miento
>   ni te engaño, pues conformo
>   con las palabras los hechos.

Ramiro   Basta: bien te has disculpado;
                 convénceme el argumento;
                 mas admirame que falte
                 valor a quien sobra ingenio.

Cuaresma   Dios no lo da todo a uno;
                 que piadoso y justiciero,
                 con divina providencia
                 dispone el repartimiento.
                 Al que le plugo de dar
                 mal cuerpo, dio sufrimiento
                 para llevar cuerdamente
                 los apodos de los necios;
                 al que le dio cuerpo grande,

le dio corto entendimiento;
hace malquisto al dichoso,
hace al rico majadero.
Próvida Naturaleza,
nubes congela en el viento,
y repartiendo sus lluvias,
riega el árbol más pequeño.
No en solo un Oriente nace
el Sol; que en giros diversos
su luz comunica a todos;
y según están dispuestos
los terrenos, así engendra
perlas en Oriente, encienso
en Arabia, en Libia, sierpes,
en las Canarias camellos;
da seda a los granadinos,
a los vizcaínos, hierro,
a los valencianos, fruta,
y nabos a los gallegos;
así reparte sus dones
por su proporción el Cielo;
que a los demás agraviara
dándolo todo a uno mesmo.
Mostróle a Cristo el demonio
del mundo todos los reinos,
y dijole: «Si me adoras,
todo cuanto ves te ofrezco».
¡Todo a uno! Propio don
de diablo, dijo un discreto;
que a Dios, porque los reparte,
oponerse quiso en esto.
Solo ingenio me dio a mí;
pues en las cosas de ingenio
te sirve de mí, y de otros

	en las que piden esfuerzo;
	pues un caballo se estima
	no más que por el paseo,
	porque habla un papagayo
	y un mono porque hace gestos.

Ramiro   Bien has dicho. Mas el rey
                 es éste.

Cuaresma   Escurrirme quiero,
                 que sin valor es indigno
                 de su presencia el ingenio.

(Vase. Sale el Rey, doblando un papel.)

Rey   Ramiro...

Ramiro   Señor...

Rey   León
                 contra mí, según he sido
                 informado, da atrevido
                 rienda a la murmuración;
                    que en mi gracia lleva mal
                 de Rodrigo la mudanza,
                 que por sus partes alcanza
                 aplauso tan general.
                    Y puesto que fue engañosa
                 la sospecha vuestra y mía,
                 pues a Elvira pretendía
                 hacer del Navarro esposa,
                    y que en su abono responde
                 que se atrevió, confiado
                 en la palabra que he dado

                de olvidar mi amor, al Conde,
                   la ocasión quiero evitar
                que me malquisto, y hacer
                que el reino le vuelva a ver
                gozando el mismo lugar
                   a mi lado que solía.
                Mas no por esto penséis
                que vos en mi...

Ramiro   No paséis
                adelante, que sería
                   tan ingrato a la nobleza
                de Villagómez, señor,
                cuanto indigno del favor
                que me hace vuestra alteza,
                   si de esa justa intención,
                que tanto llega a importaros,
                procurase yo apartaros
                por celos de la ambición;
                   fuera de que yo confío
                de su condición hidalga,
                que el favor suyo me valga
                para conservar el mío;
                   que aunque es mi competidor
                en amor, más ha podido
                en mi pecho agradecido
                la obligación que el amor;
                   y así, no me habéis ganado
                por la mano en ese intento,
                que si ocultó el pensamiento
                fue por veros enojado.

Rey   Agora si sois mi amigo
                y digno favor os doy

                        que, aunque no del todo, estoy
                        aplacado con Rodrigo.
                           Vuestro buen celo mostráis;
                        y así, de este intento os quiero
                        hacer a vos el tercero;
                        y para que le podáis
                           obligar, si teme en vano
                        mi rigor, a que se parta
                        seguro a verme, esa carta
                        le llevaréis de mi mano;
                           y partid luego a buscarle.

(Dale una carta.)

Ramiro   Si del reino se ha ausentado
                        temeroso, mi cuidado
                        con alas ha de alcanzarle.

(Vase don Ramiro.)

Rey   Al fin es forzosa ley,
                        por conservar la opinión,
                        vencer de su corazón
                        los sentimientos el rey.

(Salen el Conde, don Mendo y otro.)

Conde   Aquí está el rey.

Mendo   Justo ha sido
                        hasta aquí el acompañaros,
                        y agora lo es el dejaros,
                        que a negocio habréis venido.

Conde	No os vais; que pide testigos
lo que tratarle pretendo.
Mendo	Pues aquí tenéis, Melendo,
para serlo, dos amigos.
Conde	Vuestra alteza, gran señor,
me dé los pies.
Rey	Conde, alzad.
Conde	Hasta alcanzar un favor,
si le merece el amor
con que a vuestra majestad
he servido, no mandéis
que del suelo me levante.
Rey	La confianza ofendéis
que a mi estimación debéis
con prevención semejante.
Conde	Solo quiero suplicaros
que del negocio a que vengo
me prometáis no indignaros.
Rey (Aparte.)	(¡Ay, Elvira! Ya prevengo
mi desdicha.) Declararos
podéis; que sois tan discreto
y tan sabio en mi opinión,
que seguro lo prometo,
pues cosa contra razón
no cabe en vuestro sujeto.
Conde	Yo os lo aseguro; y así

(Bésale la mano.)   Alfonso, fiado en eso,
                         por mis hijos y por mí
                         la mano real os beso...
                         Y de vos, rey, desde aquí
                             nos despedimos, y ya
                         no somos vuestros vasallos,
                         según asentado está
                         por los fueros.

(Levántase y cúbrese.)

Rey   El guardallos
                         forzoso, Conde, será;
                             pero...

Conde   Promesa habéis hecho
                         de no indignaros. La furia
                         reprima el ardiente pecho,
                         supuesto que a nadie injuria
                         quien usa de su derecho.

Rey   Melendo, no receléis
                         que no os cumpla la promesa,
                         pues no pierdo en lo que hacéis
                         nada yo, y solo me pesa
                         de ver que desobliguéis
                             mi amor con tal desvarío,
                         pues ya tengo de trataros
                         como a extraño, y yo confío
                         que algún tiempo ha de pesaros
                         de no ser vasallo mío.

(Vase el Rey.)

Conde (Aparte.) (Defienda yo la opinión
de mi hija, a quien procura
infamar vuestra afición,
que Navarra me asegura
si me amenaza León.)

(Vanse el Conde, don Mendo y el otro. Salen doña Leonor y doña Elvira.)

Elvira Yo no puedo más, Leonor;
ya me falta la paciencia.
Humana es mi resistencia,
divino el poder de amor.
   Ya que habemos de partir
a Navarra, de León,
por última citación
me pretendo despedir
   de Alfonso; y ya que su alteza
me niegue la mano, el pecho
parta al menos satisfecho
de que supo mi firmeza.

Leonor Ni de tu resolución
ni de tu pena me admiro;
mas aquí viene Ramiro.

Elvira Gozar quiero la ocasión.

(Sale don Ramiro.)

Ramiro Elvira y Leonor hermosas,
porque sé que han de agradaros
las nuevas que vengo a daros,
para todos venturosas,
   no aguardó vuestra licencia.

	Alfonso, ya de Rodrigo
	más satisfecho y amigo,
	sufrir no puede su ausencia,
	Y con seguro a llamarle
	de parte suya me envía;
	y así, de las dos querría
	saber dónde podré hallarle.

Leonor
      Aunque en sangre generosa
no puede caber cautela,
perdonad si se recela
quien aguarda ser su esposa,
   de que tracéis sus agravios.

Ramiro (Aparte.)
(Mostró su amor. Selle el mío,
pues del favor desconfío,
en esta ocasión los labios.)
   Si de mí no os confiáis,
con esta firma del rey,

(Muestra la carta.) que tiene fuerza de ley,
es bien que el temor perdáis;
   y de mí, Leonor, podéis,
pues lo ofrezco, aseguraros;
que me va en no disgustaros
más de lo que vos sabéis.

Elvira
   No hacerlo fuera agraviar
tan hidalgo y noble pecho.
Jimena, según sospecho,
hermana, sabe el lugar
   donde se oculta Rodrigo.
Hazla llamar.

Leonor
      La fe mía

	en la vuestra se confía.
Ramiro	Yo soy noble y soy su amigo.

(Vase doña Leonor.)

| Elvira | Ramiro, la brevedad
del tiempo y de la ocasión
no permite dilación.
Decidle a su majestad
  que pienso que mi partida
a Navarra se apresura,
y que mi pecho procura
mostrarle por despedida
  las verdades de mi amor,
aliviando mis enojos
con publicar a sus ojos
con mi llanto mi dolor;
  y así, por favor le pido
que venga a verme. |
|--------|----------|
| Ramiro | Señora,
señaladle puesto y hora;
que por veros, persuadido
  estoy que no ha de enfrenarle
el mayor inconveniente. |
| Elvira | Mañana junto a la fuente
del bosque saldré a esperarle
  con mi hermana, al declinar
del Sol, pues nos asegura
la soledad, la espesura
y distancia del lugar. |

Ramiro   Quede así.

(Salen doña Leonor y Jimena.)

Leonor   Jimena os va,
            Ramiro, a servir de guía.

Jimena   En vuesa mesura fía
            mi fe; e catad que non ha
               mi pecho pavor de engaño,
            nin barata; e non cuidedes
            que vivo a León tornedes
            en asmando facer daño
               a Rodrigo.

Ramiro   Confiada
            ven de mí... Y dadme las dos
            licencia.

Elvira   Yo estoy de vos
            satisfecha.

Leonor   Yo obligada.

(Vase don Ramiro.)

Jimena   ¡Lijosos los fados vuesos
            si atendedes a engañar!
            Que yo vos cuido astragar
            de una puñada los huesos.

(Vase Jimena.)

Elvira   ¿Qué dices de esta mudanza

                  del rey?

Leonor   Que ha echado de ver
que a Rodrigo ha menester
mucho más que él su privanza.

Elvira   Mañana mi amor dudoso
su verdad ha de probar;
que se ha de determinar
a perderme o ser mi esposo.

Leonor   Pues ¿dónde piensas hablalle?

Elvira   Ramiro es el mensajero
de que en la fuente le espero
que baja del bosque al valle.

Leonor   ¿No temes su ceguedad,
si se ve solo contigo?

Elvira   Tú, Leonor, irás conmigo,
y por más seguridad,
   irá Jimena también.

Leonor   A mucho te obliga amor.

Elvira   O ha de vencerle el favor,
o castigarle el desdén.

(Vanse doña Elvira y doña Leonor. Salen el Rey y Cuaresma.)

Rey   ¿Cómo, Cuaresma, no fuiste
con Ramiro a esta jornada?

Cuaresma	De aquella ocasión pesada
que en Valmadrigal tuviste
con Rodrigo, precedió
no seguirle en esta ausencia.
Rey	¿Cómo?
Cuaresma	Anduve en la pendencia
como un cristiano debió,
porque viéndome apretado
de Rodrigo, fui a buscar
un clérigo en el lugar
para morir confesado,
y ha dado en quererme mal.
Rey	Tu temor lo ha merecido.
Cuaresma	Pues ¿qué loco no ha temido
viviendo en carne mortal?
Rey	El noble nunca temió.
Cuaresma	Por la experiencia averiguo
que es eso hablar a lo antiguo;
que noble conozco yo,
infante de Carrión,
bravo solo con mujeres.
Mas supuesto que tú eres
el más noble de León,
te probaré que aun a ti
no ha perdonado el temor.
¿Nunca a una vela, señor,
quitaste el pabilo?

Rey   Sí.

Cuaresma   Luego es fuerza confesar
                   que a tener miedo has llegado;
                   que nadie ha despabilado
                   que no temiese apagar.

Rey   ¡Qué desatino!

Cuaresma   Pregunto.
                   ¿Nunca medias te pusiste?
                   Y, aunque eres rey, ¿no temiste
                   hallarles suelto algún punto?
                      ¿Nunca la amorosa llama
                   te tocó?

Rey   Y aun me abrasó.

Cuaresma   Pues ¿qué amante no temió
                   hallar con otro su dama?
                      Pero Villagómez es
                   quien con Ramiro ha llegado.

(Salen don Ramiro y don Rodrigo.)

Ramiro   A cumplir lo que has mandado,
                   humilde llega a tus pies
                      Rodrigo.

Rey   La diligencia
                   te agradezco.

Rodrigo   Dad, señor,
                   la mano a quien el favor

| | de gozar vuestra presencia |
| | ha podido merecer. |

Rey

    Puesto que os habrá informado
Ramiro de que, engañado,
tal exceso pude hacer,
   os doy los brazos y el pecho.

Rodrigo

    Previniendo yo que haría
el desengaño algún día
el efeto que hoy ha hecho,
   me defendí del violento
furor que intentó mi daño,
que fue, advirtiendo el engaño,
servicio, y no atrevimiento.
   La obediencia lo ha probado,
y humildad con que he rendido
a vuestros pies he venido,
en viéndoos desengañado.

Rey

   Satisfecho estoy, Rodrigo;
y así quiero que a ocupar
volváis el alto lugar
que habéis gozado conmigo.

Rodrigo

   Por tu gran merced, señor,
los pies os vuelvo a pedir,
si bien no puedo admitir
en todo vuestro favor.
   Vuestra gracia es la ventura
que estimo haber alcanzado;
mas volver escarmentado
a la privanza, es locura;
   que aquel a quien fulminó

      de Jove la airada mano
con las armas que Vulcano
en sus fraguas fabricó,
   tales temores y enojos
concibe que, prevenido,
al trueno cierra el oído,
y al relámpago los ojos.
   Villamet, Valmadrigal,
Santa Cristina y la tierra
que en las faldas de la sierra
bebe liquido cristal,
   me dan vasallos, riqueza,
poder y antiguos blasones
con que honrarme, y los pendones
ensalzar de vuestra alteza
   cuando serviros importe,
sin mendigar más aumentos,
expuesto a los escarmientos
y mudanzas de la corte;
   y así, con vuestra licencia,
me vuelvo a Valmadrigal.

Rey   Aunque sé que me está mal,
Villagómez, vuestra ausencia,
   la permito, porque entiendo
que aún tenéis de mis enojos
el sentimiento a los ojos;
y así, yo también pretendo
   que el tiempo vaya entregando
vuestras quejas al olvido.
Mas en cambio de esto, os pido
una cosa, y dos os mando.
   Que del reino no salgáis,
y a veros vengáis conmigo

	muchas veces, son, Rodrigo,
	las que os mando; y que impidáis
	que se ausente de León
	Melendo, os pido; advirtiendo
	que no ha de saber Melendo
	que os he dado esta intención.

Rodrigo   Yo, como leal vasallo,
en cuanto a mi, os obedezco;
en cuanto al Conde, os ofrezco
intentarlo, no alcanzallo.

(Vase don Rodrigo.)

Rey   ¿Qué te parece?

Ramiro   Que está
de tu indignación sentido,
y por eso ha resistido;
mas el tiempo aplacará
   sus quejas.

Rey   Porque consigo
el fin así que intenté
—pues si la corte le ve
algunas veces conmigo,
   cesa la murmuración
de mi mudanza y su ausencia—
no hice más resistencia
al partirse de León.

Ramiro   Que se partiese de ti
deseaba yo, por darte
una embajada de parte

                    de Elvira.

Rey   Ramiro, di,
            di presto; que no hay paciencia
            donde hay amor.

Ramiro   Hoy te aguarda
            para hablarte.

Rey   Un siglo tarda
            cada instante de su ausencia.
                Partir luego determino
            disfrazado.

Ramiro   Bien harás.
            Vamos, pues, que lo demás
            me dirás en el camino.

Cuaresma   ¿Tengo yo de acompañar
            a los dos?

Rey   Cuaresma, sí.

Cuaresma   Pues advierto desde aquí
            que no voy a pelear.

(Vanse el Rey, don Ramiro y Cuaresma. Salen doña Elvira, doña Leonor y Jimena.)

Elvira   Por una parte, esperanzas;
            por otra, Leonor, temores,
            me acobardan y me animan
            con afectos desconformes.

Leonor	Cerca está el plazo si Alfonso, como debe, corresponde a la obligación, Elvira, que en quererle hablar le pones.
Elvira	Escucha, amiga Jimena.

(Hablan bajo. Salen don Sancho y su criado Fortún, desde el paño.)

Sancho	Mis celos y mis pasiones me traen siguiendo sus pasos por la espesura del bosque, por ver si alguna ocasión la soledad me dispone en que ver mis desengaños o conquistar sus favores.
Elvira	Con este fin te he traído conmigo.
Jimena	Alfonso perdone; que facer su barragana a una infanzona tan nobre non ye facienda de rey.
Elvira	Si intentara algún desorden, en tu defensa confío.
Jimena	Yo faré lo que me toque. Mas a la fe, doña Elvira, rehurtid vos sus amores; que con dueña que reprocha, non ha facimiento el home.

Sancho	Confirmóse mi sospecha; que según estas razones, esperan a Alfonso aquí; y, ¡vive Dios, si nos pone solos a los dos la suerte en el campo de este bosque, que ha de ser nuestra estacada! Parte volando, y al Conde llama, Fortún, de mi parte, y dile que a Villagómez traiga consigo, si acaso ha vuelto ya de la corte.
Fortún	¿Diréle lo que recelas?
Sancho	Sí, Fortún; dile que corre riesgo su honor.
Fortún	Hoy se encuentran las barras y los leones.

(Vase Fortún. Salen el Rey, don Ramiro y Cuaresma, de labradores.)

Rey	Con ellas está Jimena.
Cuaresma	A mí me toca.
Rey	Disponte, si pretendiere impedir de los dos las intenciones, o a detenerla con fuerzas o a engañara con amores.
Cuaresma	¡Triste yo! No sé cuál es

	más fácil de esas facciones.
	¿Un monstruo quieres que venza,
	o que una vieja enamore?

Elvira   Éste es el rey.

Rey   ¡Bella Elvira!

Elvira   ¡Rey y señor!...

(Apártase cada uno con la que le toca.)

Rey   Los temores
de tu ausencia me han traído
con alas desde la corte.

Elvira   En la tardanza hay peligro.
Escucha las ocasiones
de mi pena.

Ramiro   Ya el silencio,
Leonor, los candados rompe.
Óyeme sin enojarte,
si el poder de amor conoces.

Cuaresma   Jimena, ¡válgame Dios,
qué linda estás! ¿Qué te pones,
que al rubio de Dafne amante
desafías a esplendores?

Jimena   Callad, juglar, en mal hora;
que si un ramo tiro a un robre,
de vuesas chocarrerías
faredes que enmienda tome.

Cuaresma	Sin duda que te ha cansado lo oculto de mis razones; que entendimientos vulgares es forzoso que lo ignoren, e ignorándolo lo culpen y jerigonza lo nombren; mas yo te hablaré en tu lengua.
Elvira	Y pues don Sancho me escoge para reina de Navarra, es bien que o tu mano estorbe mi ausencia, o tu desengaño dé fin a mis confusiones. Aquí te has de resolver a que te pierda o te cobre, que éste es el último plazo.
Rey	¡Ay de mí!
Elvira	¿Dudas? Responde.
Rey	¿Qué he de responderte, Elvira, si las capitulaciones hechas con la castellana quiere mi suerte que estorben darte la mano, y mi amor sentirá menos el golpe de mi muerte que tu ausencia?
Elvira	Pues la castellana goce vuestra alteza muchos años, y Navarra me corone.

(Quiere irse doña Elvira.)

Rey Eso no. Detente.

Elvira Suelta.

Rey Perdona; que pues conoces
que tu amor me tiene ciego,
y en esta ocasión me pones,
he de llevarte a León
y gozar de tus favores;
y vengan luego a vengarte
el rey don Sancho y el Conde.

Ramiro Perdona, Leonor.

Cuaresma Jimena, perdona.

(Cada uno se abraza con la suya para llevarla.)

Sancho Alfonso, este bosque,
de tu sangre escrito, al mundo
publique tus sinrazones.

(Sacan las espadas y acuchíllanse.)

Rey ¡Al rey de León te atreves!

Sancho Yo soy tu igual. ¿No conoces
al rey de Navarra?

(Salen el Conde, don Bermudo y Rodrigo, sacando las espadas.)

Conde	Alfonso,
	ya no es tu vasallo el Conde.
	Pues la palabra real
	tan injustamente rompes,
	con tu mano o con tu vida
	mi honor es fuerza que cobre.
Rodrigo	Eso no, mientras viviere
	Rodrigo de Villagómez.

(Pónese don Rodrigo al lado del Rey.)

Conde	¡Ah, Rodrigo!
Rodrigo	No hay ofensas,
	no hay amistades ni amores
	que en tocando a la lealtad
	no olviden los pechos nobles.
Cuaresma	Temblando estoy.
Jimena	Endonadme,
	dueña, esta espada. Vos, Conde,

(Quita Jimena la espada a Cuaresma y pónese delante del Rey, defendiéndole de don Sancho y el Conde.)

e vos, don Sancho, arredraos;
Porque Jimena non sofre
que en contra de su rey cuide
orgullecer ningún home.
Guardad vuesas nobres vidas.
Rey Alfonso e Villagómez;
que mi valor sobejano

                        fará tremer estos montes.

(Acuchíllanse.)

Cuaresma   ¡Ah, machorra!

Elvira   Ten, Jimena.

Jimena   Si son don Sancho e el Conde
                    Porfiosos, perdonad.

(Poniéndose en medio doña Elvira.)

Elvira   Tened, por Dios; que en los nobles
                    no han de tener más imperio
                    las armas que las razones.
                    ¿Por qué pretendéis, Alfonso,
                    con exceso tan enorme
                    perder el nombre de rey,
                    cobrar de bárbaro el nombre?
                    Si han de coronar la infanta
                    de Castilla tus leones,
                    ¿por qué impides que el Navarro
                    la de Galicia corone?
                    Una para esposa eliges
                    y otra para dama escoges.
                    ¿Eres cristiano? ¿Eres rey?
                    ¿Eres noble... o eres hombre?
                    Por un intento que nunca
                    has de alcanzar, pues conoces
                    que no puede en mí la muerte
                    más que mis obligaciones,
                    ¡el suelo y el cielo ofendes!
                    Vuelve en ti, rey; corresponde

	a quien eres, y a ti mismo te vence, pues eres noble; o mueve el luciente acero contra mí, si te dispones a impedir que de mi mano el rey de Navarra goce; que yo se la doy. Yo soy quien te ofende; que no el Conde mi padre, ni el rey don Sancho. Dadme la mano...
Cuaresma	Arrojóse.
Rey	Tente, Elvira; que mis celos, aunque perdiese del orbe la monarquía, no sufren que a mis ojos te desposes con otro; y porque no pueda quejarse tu padre el Conde de mi palabra rompida, dame la mano, y perdone la infanta doña Mayor, y el rey de Navarra logre con ella sus pensamientos.
Sancho	Don Sancho, Alfonso, responde que es admitirlo forzoso.
Conde	Falta que a mí me perdones.
Rey	Llegad, Melendo, a mis brazos; que disculpados errores son los que causa el honor.

Elvira	Permitid que a Villagómez
le dé la mano mi hermana.
Ramiro	Tu promesa no lo estorbe,
señor; que no quiero esposa
que ajenas prendas adore.
Rey	Dadle la mano, Rodrigo;
y porque del todo os honre,
y quede memoria y fama
de Jimena, y de que ponen
a los pechos que los crían
tal valor los Villagómez,
ella y cuantas merecieron
dar a los infantes nobles
de vuestro linaje el pecho,
de hoy en adelante gocen
privilegio de nobleza,
para que el mundo los nombre
«los pechos privilegiados».
Jimena	Nunca los vuesos loores
la fama fallecerá.
Rodrigo	Aún hoy cuenta en sus blasones,
senado, ese privilegio
la casa de Villagómez.
Y esta verdadera historia
dé fin aquí, y sus errores
suplica humilde el autor
que el auditorio perdone.

Fin de la comedia

Libros a la carta

A la carta es un servicio especializado para
empresas,
librerías,
bibliotecas,
editoriales
y centros de enseñanza;
y permite confeccionar libros que, por su formato y concepción, sirven a los propósitos más específicos de estas instituciones.

Las empresas nos encargan ediciones personalizadas para marketing editorial o para regalos institucionales. Y los interesados solicitan, a título personal, ediciones antiguas, o no disponibles en el mercado; y las acompañan con notas y comentarios críticos.

Las ediciones tienen como apoyo un libro de estilo con todo tipo de referencias sobre los criterios de tratamiento tipográfico aplicados a nuestros libros que puede ser consultado en Linkgua-ediciones.com.

Linkgua edita por encargo diferentes versiones de una misma obra con distintos tratamientos ortotipográficos (actualizaciones de carácter divulgativo de un clásico, o versiones estrictamente fieles a la edición original de referencia).

Este servicio de ediciones a la carta le permitirá, si usted se dedica a la enseñanza, tener una forma de hacer pública su interpretación de un texto y, sobre una versión digitalizada «base», usted podrá introducir interpretaciones del texto fuente. Es un tópico que los profesores denuncien en clase los desmanes de una edición, o vayan comentando errores de interpretación de un texto y esta es una solución útil a esa necesidad del mundo académico.

Asimismo publicamos de manera sistemática, en un mismo catálogo, tesis doctorales y actas de congresos académicos, que son distribuidas a través de nuestra Web.

El servicio de «libros a la carta» funciona de dos formas.

1. Tenemos un fondo de libros digitalizados que usted puede personalizar en tiradas de al menos cinco ejemplares. Estas personalizaciones pueden ser de todo tipo: añadir notas de clase para uso de un grupo de estudiantes, introducir logos corporativos para uso con fines de marketing empresarial, etc. etc.

2. Buscamos libros descatalogados de otras editoriales y los reeditamos en tiradas cortas a petición de un cliente.

www.ingramcontent.com/pod-product-compliance
Lightning Source LLC
Chambersburg PA
CBHW022119040426
42450CB00006B/772